W0390857

Reinhard Klappert

WINTERSPUREN

Wege in die Stille
Faszination Skitour

Reinhard Klappert

WINTERSPUREN

Wege in die Stille
Faszination Skitour

Verlag J. Berg

REINHARD KLAPPERT
1953 in Saalfelden im Pinzgau geboren, seit seinem 15. Lebensjahr aktiv in den Bergen unterwegs, staatlich geprüfter Berg- und Skitourenführer, Leiter der Alpinschule NANALPIN in Salzburg, Lehrbeauftragter am Sportinstitut der Universität Salzburg für Tourenskilauf und Klettern; Reportagen für Zeitungen und Zeitschriften sowie Vortragstätigkeit mit alpinistischer Thematik.

Wege in die Stille
Faszination Skitour

Einklang
Allein
Ein Tag wie jeder andere
Ganz weit weg
Einsicht
Steine im Glashaus
Viel Feind', viel Ehr'
Skitouren, ein Boom? Na und?
Der Mund des Experten
Die Invasion der Fäustlinge I
Die Kickkehre
Vollzugszwang
Dös gscheiter Schafl geaht vurn
Bringt mir ... Was wollt' ich denn?
Kaunertal
Motivationsstörung
Jugend schützt vor Weisheit nicht
Aller Anfang ist schwer
Vom Segen, ein Spinner sein zu dürfen
Die hundert schönsten ...
Alljährliche Kollision
Die Invasion der Fäustlinge II
Der Fäustling in mir
»Höher, Kameraden!«
Gehen
Freizeit I
Freizeit II
Winterspuren
Ausklang

Es hat eigentlich ganz logisch begonnen, damals Ende des vorigen Jahrhunderts, mit überlangen »Norweger«-Latten. Man stieg sommers auf Berge und wollte das auch im Winter tun.
Einfach logisch.
Auch heute kommen noch viele vom Sommerbergsteigen zur Skitour, weil sie ihre alpinistische Leidenschaft nicht einfach ein halbes Jahr abschalten wollen. Diese Logik wird neuerdings mehr und mehr von einer anderen Logik unterwandert, der Glücksuche der Pistenmüden, die abseits gebahnter Pfade nach Alternativen zum technisierten Erlebnis Ausschau halten.
Die einen kommen von den Pisten herüber in die Wildnis, obwohl der Spaß im weißen Abseits nicht ungefährlich ist, obwohl er mehr Einsatz und Engagement erfordert, als das Besetzen eines Liftsessels.
Die anderen, die Trendsetter, kommen, weil sie künftig nicht mehr fürchten müssen, verlacht zu werden, wenn sie mit Fell und Tourenbindung in den Bergen auftauchen. Die Öffentlichkeit hat ja das Bild vom schrulligen Einzelgänger, vom knorrigen Bergfex, vom Sonderling, der lieber geht, als Lifte zu benützen, weitgehend korrigiert, das merkt man schon an scheinbar unwichtigen Details wie etwa modischer Bekleidung: Die graue Maus mit Knickerbocker und dem Sex-Appeal eines Bußpredigers ist out. Es lebe der Papageien-Look!
Dann gibt es noch die Suchenden, die ruhelos jedem neuen Boom nachspüren, der Mode gewordenen neuen Innerlichkeit zum Beispiel, in Abkehr von blindem Vertrauen in die Allmacht der Technik, angesichts einer Umwelt, die kaputtgeht. Sie haben in einen konservativen Skibergsteigerhaufen so manch neuen Modebegriff integriert: »Selbsterfahrung« etwa.
Zu guter Letzt gibt es noch die Bergsteiger, die, die von Anfang an schon da waren, die immer schon nach oben wollten, auf einen Berg und weil im Winter eben Schnee liegt, wird der Berg mit Ski bestiegen.
Den Pistenabtrünnigen, den Trendsettern, den Erleuchtungssuchern und schließlich den Bergsteigern, die sie alle auf Skitour gehen, ist eigentlich nur eines gemeinsam: Starke Gefühle wollen sie alle. Davon zu reden, diesen Wunsch nach Gefühl zu artikulieren und ihn damit auch zu leben, gelingt noch wenigen. Zu beherrschend ist noch die Anbetung von Leistung, Ehrgeiz und Erfolg.
Wir kommen alle aus verschiedenen Beweggründen mit Ski in die winterlichen Berge, suchen nicht das Gleiche und finden auch nicht das Gleiche, aber solange die von der Leistungszwanggesellschaft Verkrüppelten noch am lautesten jodeln, solange die Fetischisten des Besser-stärker-höher-schneller noch das Sagen haben, solange Härte und Männlichkeit noch als Tugenden und Wertsiegel gelten, solange wird dem Großteil der Glücksuchenden eben diese Möglichkeit zum Glück, zu fühl- und erinnerbaren starken Erlebnissen verschlossen bleiben zugunsten des »Besiegens« und »Bezwingens«, der meß- und wägbaren »Erfolge«, die schon immer verherrlicht wurden, seit es Skitourengeher gibt.
Die Skitour sollte Gegengewicht, Kontrapunkt des Alltags sein, nicht dessen zwanghafte Wiederholung. Sich mit Ski die feindseligste Jahreszeit, den Winter, zum Freund zu machen, ist eine wunderbare Chance, das Leben reicher zu machen. Wer nur Trophäen sammelt, beraubt sich letztlich dieser Chance.
Die Natur, die Wildnis, sollte kein Sportgerät sein. Gleichgesinnte, die anderen Skitouristen also, sollten keine Aufforderung zum Leistungsvergleich sein.
Weg von den Sensationen!
Weg von eitler Kraftmeierei!
Es lohnt sich.
Hoffentlich glaubt mir das der eine oder die andere, das wäre **eine** Intention dieses Buches.
Der Winter in den Bergen ist kalt und still. Er zwingt uns zu Reisen weitab von Gewohntem und von der Sicherheit, tief hinein in die Wildnis und schließlich in uns selbst.
Dieses Buch will niemand den Stolz auf erbrachte Leistungen madig machen, will nicht Ehrgeiz und Kraft verhöhnen, es will nur an all die anderen Chancen und Möglichkeiten erinnern, die etwas an sich so Simples wie eine Skitour bietet.
Und als erinnernder Denkanstoß sind die folgenden Bilder, Gedanken und Tourentips, die die »Sensationen« meiden, gedacht.
Die Frage, welchen Berg man besteigt, ist bestimmt weniger wichtig als die Frage, was man da oben will....

In diesem Sinne: Viel Spaß bei der nächsten Skitour!

Reinhard Klappert

Einklang

Schritt um Schritt.
Nichts sonst. Was auch?

Nur das sanfte Knirschen frischen Schnees,
das Klacken der Bindung. Schritt um Schritt.
Und mein Atem und der Atem hinter mir.
Keine Forderung. Kein Anspruch.
Nur das Nach-oben-Wollen.
Sinnlos. Zwecklos. Herrlich.
Eine Kurve, eine Kehre, Schritt um Schritt,
hier etwas Kraft, dann wieder Rast.
Ruhe. Öffnen. Zeit, die nicht verloren geht.

Bedürfnislosigkeit.

Nur das so klare, einfache Ziel und der Weg,
der immer kürzer wird.
Von hier unten nach da oben.
Dazwischen nur der Weg, der irgendwann zu Ende geht.

Mein Schritt, mein Herz, mein Atem und der Atem hinter mir.
Wir wollen nach oben.
Wir müssen nicht. Herrlich.

Schritt um Schritt. Ganz einfach und klar.
Nichts sonst. Was auch?

Alles im Lot …

Allein

Ich weiß, man sollte nicht.
Es steht geschrieben: Alleine nicht!
Der Winter sei rachsüchtig, sagt man; was nicht stimmt.

Das gebrochene Bein mitten im Schnee!
Allein. Weitab von Menschen.
Erfrieren? Sterben? Warum bitte?
Man stirbt nicht an gebrochenen Beinen.
Auch nicht im Schnee.

Aber man stirbt vielleicht, ohne **das** gespürt zu haben:
Das Schweigen. Die makellose Stille.
Der Blick in das verlorengeglaubte Drüben.
Eine kurze schöne Frist genossenen Gastrechts jenseits einer Grenze,
die nicht sichtbar ist und doch alles trennt.
Alles, somit auch das Wesentliche vom Unwesentlichen.

Dort unten ein Haus.
Von dort zu mir Lichtjahre.

Wie schön, jetzt allein zu sein …

Ein Tag wie jeder andere

Mieses Wetter in Salzburg.
Nebel. Nieseln.

Am Nachmittag ein paar Stunden Zeit.
Mit Erwin.

Der Mooslahner. Eine unbedeutende
Waldkuppe. Unberühmt.
Letztes Anhängsel am Watzmann.

Lustloser Anstieg.
Feucht und kalt.
Rheumatisch ....

Dann der überraschende Durchbruch
über die Wolken, wo die Freiheit ja
bekanntlich grenzenlos sein soll.

Im Bereich Nebel - Sonne
faszinierende Lichtspiele.
Unwirklich.
Wie nicht von dieser Welt und wir
mittendrin.

Schließlich aus der Sonne wieder zurück
unter den Nebel, nach Salzburg,
wo der Tag ein Tag wie jeder andere
geblieben ist.

DIESER Tag hätte schöner nicht sein können.

Ganz weit weg

Ostalpen hier – Westalpen da.
Wie Kammermusik hier – Große Symphonie da.

Die Mächtigkeit. Die unfaßbaren Dimensionen.
Eisbrüche, Séracs, schlanke, steile Grate auf
massigen Körpern, unendlich weit oben, weit weg.

Nicht die berühmten Routen, wo die Herden
blöken. Nicht Saas Fee. Nein, was Einsames.
In Frankreich vielleicht.
Ja, in Frankreich.
Unberührt von deutschen Freizeitsportlern.
Wen interessiert das denn schon?
Die Sassière, der Pourri, die Casse, der Agneau,
die Rochebrune, der Bec, wer kennt sie?

Reisen durchs Innenleben.
Reisen auf einem anderen Planeten.
Was brauch ich den Himalaya?

Das Abenteuer vor der Haustür, in Frankreich
schon, ganz nah.
Westalpen, das heißt Leben – Spüren, in der
Wildnis, im totalen Abseits.

Frankreich ist gar nicht weit weg,
ist ganz weit weg …

Einsicht

Wer's mal versucht hat, mit Fell und Muskelkraft,
läßt's entweder gleich wieder sein (»einmal und nie wieder«)
oder bleibt dabei, oft für immer.
Begeistert.
Manchmal süchtig.

Und dann kommt irgendwann der Tag,
der durch Zufall oder Absicht wieder auf der Piste verbracht wird,
und damit die Fassungslosigkeit,
wie dieses phantasielose Gerutsche Jahr für Jahr
kritiklos praktiziert werden konnte.

Die Einsicht reift, daß es kein Zurück mehr gibt.
Die Piste ist tot.

Kein Zurück. Gut so …

Steine im Glashaus

Wir Tourengeher sind stolz auf uns.
Wir sind so naturverbunden.

Auf Tour kommt man der Natur näher,
als auf der Piste.

Wirklich?

Der Gondelfahrer schiebt zwischen sich
und die Natur etwas Künstliches,
Trennendes und sei es auch nur die
Plexiglasscheibe der Kabine.
Das »Wesen« eines Berges versteht nur,
wer sich ihm aus eigener Kraft nähert.

Tatsächlich?

Das gemächliche Tempo des mit Fellen
Aufsteigenden gibt Gelegenheit zum
Schauen, zum Aufnehmen, zum Einfühlen.
Ja, der tiefverschneite Winterwald,
dieser Frieden im Schweigen, wunderschön!

Und der keuchende Verrückte? Drei Stunden
Aufstieg? Nicht für mich! Ich pack's in einer
Stunde, 10 Minuten!

Ist es nicht vielmehr so, daß gemächlich nur
mehr die unterwegs sind, die nicht anders
können, weil sie keine Puste haben?

Die anderen? Die mit der Bombenkondition?
Das sind so viele!

Wie krank wir schon sind! Krankgemacht
von den Zwängen. Das ganze Jahr über
Leistung, Leistung! Schneller sein, gescheiter
sein, besser sein. Wer kann das sonntags
schon ablegen wie ein verschwitztes Hemd?

Der tiefverschneite Winterwald, ist er
uns wirklich Frieden, Schweigen, Schönheit
eines kalten Tages?
Ist er nicht viel öfter Prüfstand für die Verfassung von Herz, Lunge, Oberschenkel und
Willenskraft? Jeden Sonntag aufs Neue?

Heute bring ich's wieder und zwar voll!
Schneller als letzte Woche, schneller als der
starke Karli, schneller als ich selbst, ach
weiter, weiter! Baum? Steh mir nicht im Weg!

Wir brauchen keine planierten Pisten,
die unheilbaren Wunden in der Landschaft.
Uns baut man keine Masten, legt man keine Kabel.
Wir gehen. Wir sind still und friedfertig, ganz nahe
der Natur.

Wirklich?

Hand aufs Herz. Noch nie ein Bäumchen
ausgegraben? Mit den Stahlkanten? War der
Wipfel noch dran?

Wo wir sind, sind keine Dieselmonster.
Wo wir sind, werden unserethalben keine
Wälder geschlagen.

Der kranke Wald, die kranken Berge? Nicht
unsere Schuld? Und das Auto, das uns zur
Tour gebracht hat? Mit Wunderkatalysator,
mit Wunderlambdasonde!
Kamen nur Sauerstoff und Lavendelduft
aus dem Auspuff?

Und die Forststraße, die wir hochgefahren
sind? Ach richtig, die wurde nicht für uns
gebaut. Da sind ja noch die bösen Jäger
mitsamt ihrer dekadenten Lobby!

Wenn wir die Natur schon nicht direkt zu schädigen
glauben mit all unsrer heiligen Verbundenheit, wir
belasten sie, genau wie alle anderen.

Wir alle!

Ich finde, wir sollten im Glashaus nicht mit
Steinen werfen.

Viel Feind', viel Ehr'

Tatort: Mandlkopf. Großarltal.
Einst Geheimtip. Heute vielbegangen.

Unten ein Jungwald. Aufforstung. Zweifelsfrei. Die Bäumchen gucken raus. Knapp einen Meter sind sie groß. Eintritt verboten. Eindeutig. Daneben alter Hochwald, der Boden schneebedeckt, befahrbar.

Alle Spuren, hundert an der Zahl oder mehr, alle, wirklich alle durch die Bäumchen, keine durch den alten Wald gleich nebenan.
Alle, wirklich alle, hunderte, keine einzige Ausnahme …
Die Baumkinder rasiert, geköpft, amputiert, getötet.
Ein Massaker.
Kinderleichen.
Die Vollstrecker: allesamt Naturfreunde.

Muß das sein? Müssen wir unbedingt darum betteln, daß man uns rausschmeißt?
Müssen wir alle, die uns nicht mögen, die uns nicht gerne sehen, Jäger, Förster, Bauern beispielsweise, mit kräftigen Argumenten füttern?
Alle, wirklich alle Spuren mittendurch, keine nebenan.

Werte Freunde, Bewunderer und Bewahrer unversehrter Natur!
Liebe Skitourengeher also!

Anstatt Energie im Malen von Feindbildern zu vergeuden, vielleicht zur Abwechslung mal vor der eigenen Tür kehren, da liegt gelegentlich auch eine Menge Dreck, was ja nicht gleich heißen muß, für die wohlbetuchte Clique der Sonntagswaidmänner liebevolle Gefühle zu hegen …

Skitouren, ein Boom? Na und?

Der Umstieg von der Piste auf die Tour erlebte in den letzten Jahren einen ungeheuren Boom. Einstige Modetouren erheischen bald Platzkartenzwang, wenn's so weiterboomt; einstige Geheimtips sind so geheim nicht mehr.
Und allerorten erschallt das Gejammer: Zuviel! Zuviel! Kein Platz mehr in den Bergen! Wohin soll das führen? Wo ist die Einsamkeit geblieben?
Im immer dichter werdenden Netz der Führerliteratur hat sich bald die letzte geheime Abfahrt verfangen. Hätten die Herren Autoren besser nicht zur Feder gegriffen? Publikationssüchtige Profilierungsneurotiker, die Letztes, Geheimes preisgeben? Natürlich war *mein* spezieller Tip auch dabei.
Mein Berg?
Die Berge gehören allen, so auch mir, aber nicht mir allein, deshalb gibt es *meinen* Berg gar nicht.
Was wollen sie eigentlich, die Jammerer? Einen Aufnahmestop weiterer Bewerber in den Kreis der erlauchten Skitouristen, einen winteralpinistischen Numerus clausus? Schluß mit weiterer Werbung »weg von der Piste, hin zur Tour«? Eine publizistische Sendepause in puncto Führerliteratur?
Mit welchem Recht?
Haben sie das Skitourengehen erfunden? Irgendwelche erworbenen Vorrechte?
Also *mir* hat's auch jemand gezeigt, mich hat auch jemand gestupst, der Piste einmal den Rücken zu kehren. Hätte es all das nicht schon gegeben, ich wäre nie auf die geniale Idee gekommen, ein Fell in Streifen zu schneiden, auf Ski zu kleben, eine spezielle Bindung zu bauen und und und... Alpinismus wäre für mich eine sommerliche Angelegenheit geblieben.
Ich habe das Tourengehen nicht erfunden und auch die Jammerer haben das nicht. Mich hat meine Absage an die Pisten schon unzählige Male glücklich gemacht und nichts spricht dagegen, andere an dieser Möglichkeit zum Glück teilhaben zu lassen, indem man wirbt, informiert, überredet, auch wenn es dann immer mehr und mehr werden. Die Berge gehören allen.
Die, die bereits das winterliche Abseits für sich entdeckt haben, wollen natürlich, daß dieses Abseits auch ein solches bleibt.
Das bleibt es auch, Boom hin, Boom her.
Der Mensch ist ein Herden-Rudel-Tier und das ist gut so. Gut so für die, die die Geborgenheit der Herde brauchen und gut für die, die die Trampelpfade dieser Herde meiden wollen (und können). Das Abseits bleibt weitgehend bewahrt, weil der Trend eindeutig dahin geht, bisher stark Frequentiertes weiter zu überladen und die Geheimtips unangetastet zu lassen: die meisten Dornröschentouren blieben im Schlaf, weil sie Schönheitsfehler haben, eine Dornenhecke zum Beispiel.
Was macht eine Modetour zu einer solchen? Nur die landschaftliche Schönheit? Die makellos zügige Abfahrt, ohne Flachpassagen, ohne Dschungelverhau, ohne Gegenanstieg, ohne Abschnallen in der Felspassage, ohne wüste Bachgräben, ohne, ohne, ohne ... oder gar der bloße große Name?
Was ist lohnender? Die makellose Traumtour, die ich mit 300 Gleichgesinnten teilen muß, auf pestig-pistig ausgeackerter Abfahrt, oder die Dornröschentour mit ihrem Schönheitsfehler, der Dornenhecke, die es zu durchwühlen gilt?
Die Begehungszahlen sprechen eindeutig für die Traumtour, gegen die Dornenhecke.
Skitourengehen, ein Boom. Na und?
Mir ist um meine Geheimtips gar nicht bange. Ich möchte sie sogar lauthals ausposaunen. Nur: auf Dornenhecken und dergleichen hinzuweisen, darf ich nicht vergessen und mir bleibt jenseits der Hecken meine heilige Ruhe ...

Der Mund des Experten

Ich bin Experte.
Ich leite Fachkurse.
Man konsultiert mich. In allgemeinen und in kniffligen Fragen, die mich nicht in Verlegenheit bringen. Die Antwort kommt stets prompt.
Selbstsicher.
Souverän.
Ich bin Experte.
Vor mir eine Gruppe Lernwilliger, längst keine Anfänger mehr.
Lawinenfachkurs heißt das, und der Mund des Experten ist ganz voll.

»Liebe Skitourenfreunde! Bevor wir beginnen, möchte ich euch gleich mit den einzigen beiden Faustregeln bekannt machen, die die Lawinenkunde zu bieten hat, schreibt sie euch bitte ganz dick hinter die Ohren!
Faustregel Nr. 1: Im Zweifelsfalle nie!
Faustregel Nr. 2: Es gibt keine weiteren Faustregeln!«

Das klingt! Der volle Mund kommt gut an …
Allgemein zustimmendes Nicken.
Festigkeit. Scherfestigkeit. Scherbruch. Gleithorizont.
Norweger ist out. Brett-Taschen sind in und das gegrabene Profil ist auch nicht mehr das, was es einmal war …

… Natürlich erschien mir der Hang nicht ganz astrein. An Wissen mangelt's dem Experten nicht, nur gelegentlich an Entschlußkraft.
25 Grad Neigung. Alter harter Deckel drunter.
Dann einen Meter draufgeblasen.
In Lee.
Alles klar. Hände weg, Füße weg!
Aber da war doch noch der Windwechsel in den letzten Tagen. Aus Lee wurde Luv, das halbe Brett wieder weggeblasen und oben kam ein knackiger Windharschdeckel drauf.
Harschdeckel, das ist gut. Das gibt Festigkeit.

»100 Meter Abstand!«

Bei der ersten Spitzkehre höre ich ein Flüstern hinter mir, ganz leis' und kaum verständlich, aber es klingt wie: »Im Zweifelsfalle nie! Im Zweifelsfalle nie!«

»Liebe Skitourenfreunde! Lawinenkunde ist eine ungemein komplexe Wissenschaft, bei der Tausende von Faktoren zusammenspielen. Auch bei großer Erfahrung und besonnenem Verhalten bleibt ein unausschaltbares Restrisiko.«
»Restrisiko? Was soll das heißen?«
»Restrisiko ist das, was übrig bleibt, wenn du nicht wegen jedem Schmarren hinterm Ofen bleiben willst.«

Das klingt! Der volle Mund kommt gut an …
Allgemein zustimmendes Nicken.

Natürlich ist es passiert, und jetzt schwimme ich mit meinem Restrisiko nebst ein paar tausend Tonnen Schnee talwärts. Gelegentlich wird's hell, ein Schnapper Luft und ein Moment verzweifelter Hoffnung, doch meist ist es erstickend dunkel. Schwimmbewegungen? Hand vorm Mund-Atemhöhle? Lawinenschwimmen ist nichts Aktives, sondern ein grausames Passivum.
Die Lawine ist gnädig, wollte mich nur ein wenig erschrecken und spuckt mich kurz vorm Stillstand wieder aus. Kopf frei, ein Arm frei, ich kann mich selbst ausgraben.
Dem Experten ist nichts passiert.
Nur der Mund ist voll … Mit Schnee …

Die Invasion der Fäustlinge

Was ist ein Fäustling?
Dumme Frage, ein Fausthandschuh natürlich!
Gestrickt, gewalkt, ledern, gefüttert, bepelzt ...

Es gibt aber auch Fäustlinge aus Fleisch und Blut, auf zwei Beinen.
Sie sind die Pest des Skitourismus. Sie sind triebhaft und geizig. Geizig mit ihrer Ehre und ihr Trieb wird Auftrieb genannt, was sie, die Fäustlinge, wohlgemerkt für eine Tugend halten.
Die höchste Tugend, der Auftrieb, der Ehrgeiz.

Fäustlinge erkennt man am verbissenen Gesicht.
Fäustlinge erkennt man am keuchenden Atem, den sie beim Überholen leiser drehen können, damit es locker aussieht, das Überholen.
Fäustlinge erkennt man an der Anlage ihrer Aufstiegsspur: Sie ist stets steiler als bereits vorhandene. Da kein Fäustling eine steilere Spur neben der seinen duldet, ähnelt sie mit fortschreitendem Aufstieg zunehmend einer Schlepplifttrasse.
Blöd, unökonomisch, hirnbrandig, unbrauchbar ...
Ein Fäustling nennt sowas »gute Kondition«.

Fäustlinge geben niemals auf.
Fäustlinge geizen nicht mit guten Ratschlägen, besonders, wenn sie niemand danach fragt.
Fäustlinge hören nie auf Ratschläge.
Fäustlinge haben eine Nase für Lawinen.
Fäustlinge wollen nicht wahrhaben, daß nur einige Schäferhunde eine Lawinennase haben, mit der sie dann in der Lawine die Fäustlinge suchen müssen.
Fäustlinge sind gute Kameraden und völlig rücksichtslos.
Fäustlinge wissen nicht, daß das ein Widerspruch ist.

Fäustlinge haben's schwer, sie müssen stets ganze Männer sein.
Weibliche Fäustlinge haben's besonders schwer, sie müssen stets ganze Männer sein.
Abends in der Hütte dann sollten sie wieder ganze Frauen sein.
Es ist furchtbar schwierig und kompliziert, zu den Fäustlingen gehören zu dürfen.
Es gibt nicht viele Frauen unter den Fäustlingen.
Die Männerfäustlinge sorgen dafür, sie benehmen sich entsprechend.
Fäustlinge wissen eigentlich überhaupt nie, wie man Frauen begegnet.
Fäustlinge ärgern sich, **daß** man ihnen auf Tour gelegentlich begegnet.
Fäustlinge suchen Skiberge aus, die zu schwierig sind für Frauen.
Fäustlinge wissen nicht, daß es solche Berge nicht gibt.

Fäustlinge haben das Skibergsteigen erfunden.
Fäustlinge haben überhaupt die Berge erfunden.

Fäustlinge haben keine Nachwuchssorgen, ein Aussterben derselben ist nicht in Sicht.

Besonders schlimme Fäustlinge nennt man Stemmeisen.

HAGAN
HAGAN

Die Kickkehre

Ein Tennisspieler feilt an seinem Aufschlag.
Ein Eiskunstläufer übt eine bestimmte Sprungkombination.
Ein Hochspringer zählt seinen Anlauf aus.
Ein Skirennläufer erprobt die aerodynamischste Abfahrtshocke. Stundenlang, wochenlang, jahrelang.
Alles übt, trainiert, verbessert.
Alles lächerlich?
Nein, wieso?
Ein Muß, will man sich weiterentwickeln, sein Können vergrößern.

Hingegen:
Ein verschwindend kleiner Prozentsatz der Skitourengeher beherrscht eine gepflegte Kickkehre in wirklich jedem Gelände aus dem Effeff.
Warum ist es dann lächerlich, wenn jemand eine halbe Stunde im Steilhang nur Spitzkehren übt, die ja doch nur das kleine Einmaleins des Skitourenlaufs sind??
Ein Fäustling, wer darüber lacht.
Aber es wird gelacht.
Alles schon erlebt ...

Vollzugszwang

Freitagabend sollte schon alles »im Kasten« sein nach den Kreuz-und-quer-Telefonaten zwischen den Spezln.
Das Ziel steht fest.
Es muß.
Es heißt X-Kogel über's Y-Kar. Dieser und kein anderer. Er fehlt noch in der Liste. Ein unbesetzter Fleck in der Trophäensammlung.
Die hundert schönsten ...
Abhaken dürfen im Auswahlführer, in der privaten Wunschliste, einkerben in die Erfolgslatte.
Verpflichtende Pflichttouren.
Abgemacht ist abgemacht. Cliquen fordern Solidarität.
Gruppen machen stark.
»Chef der Gruppe ist stets der,
der das augenblickliche Problem löst.« Messner hat das, glaube ich, so oder ähnlich gesagt.
Fein.
Logisch.
Wenn er's löst.

Der Sonntage sind viele, die die Pläne der Freitage verhöhnen.
Das andere Wetter, unerwartet und doch zu erwarten.
Der andere Schnee, die gar nicht so stabilen Verhältnisse.
Abgemacht ist abgemacht und leichte Ausweichziele sind unmännlich.
Der X-Kogel steht im Programm und das Programm wird durchgezogen.

Es gibt sie immer noch zuhauf,
die strammen Berghelden.
So stirbt auch der Heldentod nicht aus ...

Dös gscheiter Schafl geaht vurn

Jedes Frühjahr treiben Südtiroler Bauern riesige Schafherden
über die Zentralalpenpässe nach Norden
über die Grenze auf österreichisches Gebiet.
Althergebrachte Weiderechte, an denen auch neue Grenzen
nichts ändern konnten.
Tausende Schafe Schulter an Schulter,
in vierfacher Reihe im Gänsemarsch,
im Schafmarsch also über die noch schneebedeckten Pässe.
Ein gewaltiger Treck. Ein imposantes Bild.
Vorneweg ein Leithammel, »dös gscheiter Schafl« also,
ein besonders gescheites Tier, das sich seinen verantwortungsvollen Rang
in beinharten Selektionskämpfen erstritt.

Bei einer sonntäglichen Massen-Mode-Skitour
gleichen sich die Bilder aufs Haar:
Eine ausgetrampelte Trasse und alle hinterher,
im Gänsemarsch, im Menschenmarsch also.

Einziger und noch dazu unsichtbarer Unterschied:
Niemand garantiert, daß das vorderste Schafl
auch »dös gscheiter« war.
Daran denken bei der nächsten Tour!
Das kann der Gesundheit unter Umständen sehr förderlich sein …

»Bringt mir … was wollt ich denn? Ich habe es vergessen.«

(Herodes zu seinen Dienern, R. Strauss, Salome)

Was kostet die Welt?
Her mit der Natur!
Laßt Berge um mich sein!
Hohe, tolle! Sensationen!
Ich habe bezahlt und nicht zu knapp!
Ich habe ein Recht!

Man reiche mir … was war's doch gleich?
Ach richtig! Ein Panorama!
Das war versprochen.
Das Prospekt, bitte sehr, hier steht's!
Und jetzt wird geliefert, verstanden?!
Ich habe bezahlt!

Diese Wolke da. Sie ist im Weg.
Weg da!
Wie unaufgeräumt die Natur heute ist.
Überall hat es Wolken!

Dafür bezahlt man nun, und nicht zu knapp!

Bringt mir … was wollt ich denn?
Ich habe es vergessen.
Aber bringt mir, bringt, ich habe bezahlt!

Kaunertal

Eine neue Straße durch hochalpine Landschaft, eine ganz neue und so breit, daß sich zwei dicke Busse ungehindert begegnen können.
Luxuriös.

Ein SB-Restaurant, Marke Atombunker, Betonmonster, gigantomanisch. Konzipiert für 300, 400, 500 Gäste?
Gezählte 6 stille Zecher drin, weniger, als gelangweiltes Personal herumsteht.

Niemand traut sich laut zu husten.
Das Echo ist so schaurig.

Vor der Tür ein Wasserwaagenlift.
Sie wissen nicht, was ein Wasserwaagenlift ist?
Also: Ein Wasserwaagenlift ist ein Lift, der die Mitnahme einer Wasserwaage erforderlich macht, sonst weiß man nicht, wo oben und unten ist, so flach ist er. Alles auf sommerlich-aperem Gletscher.

Preisfrage: Was ist das?

○ Ein utopischer Alptraum?
○ Pessimistischer Fieberwahn?

Falsch! Das ist

⊗ Sommerskilauf!

Hurra!! Gletscherskigebiet,
der ab-so-lu-te Über-drüber-Hit.
Das ist der happy-fezzy-juppy-junkie-flower-pop-op-Hammer für deine Freizeit!!!
Gib's dir!

Ein Bombengeschäft! (Für wen?)
Ein Geschäft, das wir alle werden bezahlen müssen und nicht nur mit Geld für die roten Zahlen der Millionenpleite.

Wohin sind die Verantwortlichen für diesen Wahnsinn verschwunden?

Motivationsstörung

Alpinschulen haben ihre Programme, und die werden gebucht und bezahlt. Eine Woche Urlaub, die Firma, das Geschäft alleingelassen.
Oh, all diese unersetzbaren Menschen, die sich auch mitten im Schnee noch mit Bilanzen plagen. Eine Woche Urlaub.
Mühselig freigemachte, unter Gewissenskrämpfen losgeeiste Unersetzbare unterwegs, da muß dann was her, ein Erfolg, ein möglichst meßbarer, so oder so, Schneesturm hin, Lawinen her und ich vorneweg. Sinnlos, hirnlos, freudlos … Bergführerlos.

Diese verfluchten Pflichtprogramme, die Erfolg und Mißerfolg meßbar, wägbar machen, versprochen, angekündigt und bezahlt.
Diese erbärmlich-sinnlosen Alibitouren in Schneegestöber und Nebel, nur damit »was« los ist, »was« gemacht wird.
Was eigentlich??
Jetzt, genau jetzt möchte ich eine Kirche besichtigen, ein Museum, gut essen gehen, Wein trinken oder einfach nur schlafen.
Stinkfaul …
Was tu ich hier? Der Winter sagt mir mit aller Deutlichkeit, daß ich im Moment fehl am Platz bin, aber … das Programm, versprochen, angekündigt, bezahlt?

Ich glaube, ich sollte mich nach einem anderen Job umsehen …

Jugend schützt vor Weisheit nicht

Diesmal sollte alles »stimmen« an unsrer Tour.
Das Wetter, das Ziel und natürlich mußte auf Firn gewartet werden.
Meine Führungsgäste, drei an der Zahl, machten das zur Bedingung.
Zeit spielte keine Rolle, man wollte warten, bis es soweit war.
Als es dann soweit war, zogen wir los.
Abgesehen davon, daß sie allesamt sehr nett und von liebenswerter
Art waren, hatte mein Gästetrio nichts Ungewöhnliches an sich,
außer vielleicht, daß ihr Durchschnittsalter 65 betrug.
Ihren Gesprächen in den zahlreichen genießerischen Pausen
entnahm ich, daß sie bedeutend mehr Berge der Umgebung kannten,
»gemacht« hatten als ich.
Es ist eine der Berufskrankheiten des Bergführers,
mehr Berge als seine Gäste zu kennen.
Umso amüsanter der umgekehrte Fall.
Sie hätten mich als Führer nicht gebraucht,
aber es sollte eben alles »stimmen« an der Tour.
Vielleicht war ich doch zu etwas nütze.

Auch ihre beschaulich-genußbetonte Art, in die Berge zu gehen,
schien nicht eine Folge des Alters und damit sich einstellender Weisheit,
sondern vielmehr seit Jahrzehnten »ihr Stil« zu sein.
An unserer Tour stimmte dann auch wirklich alles.
400 Meter unterm Gipfel wurde umgekehrt,
es war schon spät und warm geworden.
Besser kein Gipfel und Firn als ein Gipfel und Matsch.

Warum ich das erzähle?
Weil ich nicht glaube, daß man erst alt und grau werden muß,
um in **diesem** Stil in die Berge zu gehen.

Wer oder was hindert uns in jungen Jahren dran?

Aller Anfang ist schwer

Wie kamen »meine« Holländer in den Tiefschnee?
Nun, wie jeder Bergführer habe auch ich meine Stammgäste. Dazu gehört auch eine Truppe Holländer. Jeden Sommer die obligate Hochtourenwoche irgendwo in den Zentralalpen. Leichte Hochtouren, Gletscherwanderungen, Gerade-noch-Dreitausender, Schneetreten.

Selbstverständlich mußten sie nun auch einmal im Winter kommen, ich bestand darauf. Sie waren eine Wohltat mit ihrer liebenswerten, lachsüchtigen Verrücktheit.
Skifahren konnten sie schon. In Lech am Arlberg gelernt. Wo auch sonst?
Österreichischer Schnee gehört ja in holländischen Reisebüros zur gängigsten Ware, gleichauf mit der Karibik.
Besser gesagt, Tiroler Schnee, denn Tirol und Österreich ist dort dasselbe und Lech der absolute Renner, auch wenn es gar nicht in Tirol liegt.
Meine Wahl fiel aber nicht auf Lech, sondern auf Kolm-Saigurn, dort wo die Hohen Tauern zwar nicht mehr so berühmt, aber immer noch hoch sind.

»Kolm-Saigurn? Wo in Tirol ist das?«
»Mitten in Tirol, in Salzburg.«
»Aha, gut. Wir kommen!«

Und sie kamen!
Eine Woche chaotisches Gekugel und Gepurzel, es ist ja doch ein kleiner Unterschied zwischen den Pisten Lechs und einer Skitour in den Hohen Tauern.
Die Aufstiegsspur war meist steiler als die der Abfahrt mit ihren ewigen Schrägfahrten.
Doch kein Wort der Klage.
Im Gegenteil. Ein nicht endenwollendes Gekicher und Gegacker und Gegenseitig-aus-dem-Schnee-Gehieve nach dem Hinplumpsen.
Lebensfreude, die sich in Dauergelächter Luft machte.

Lektionen waren das für mich, Nachhilfestunden in Sachen »Mach-dir-nix-draus« und »Hauptsache-es-macht-Spaß«-Philosophie.
Ich habe mir damals vorgenommen, von diesen Menschen zu lernen, zumindest Teile ihrer Lebensart in meinen Skitourenalltag zu übernehmen.

Verinnerlicht und automatisiert habe ich noch lange nicht, was sie mir beigebracht haben.

Aber aller Anfang ist schwer, nicht nur für Holländer im Tiefschnee …

mousline

Vom Segen ein Spinner sein zu dürfen

Für den durchschnittlich klimagestraften Mitteleuropäer ist der Winter nichts anderes als ein Konzentrat von Scheußlichkeiten: Nässe, Kälte, kurze Tage, im Dunkeln zur Arbeit, im Dunkeln wieder nach Hause, vereiste Straßen, leere Batterien, Dauerstreß mit der Blechkutsche, die astronomischen Heizkosten und und ...
Noch was? Ach richtig!
Weihnachten ist auch im Winter, die stille Zeit.
Besinnung, Frieden, Einkehr, Kommerzwahnsinn ...

Die einzig vernünftige Reaktion auf all diese Heimsuchungen ist wohl, sich mit den ersten Novembernebeln in den Schmollwinkel zu begeben und diesen erst wieder zu verlassen, wenn die Sonne lacht.
Kräftig lacht, versteht sich.
Sehr vernünftig, in der Tat.

Da sind aber noch die Verrückten, die Spinner, die Schnee wollen, dieses naßkalte Zeugs.
Ja wirklich, sie begrüßen die ersten Flocken enthusiastisch. So Spinner gibt's tatsächlich.

Wer Schnee will muß auch akzeptieren, daß er irgendwann vom Himmel fällt, was man gemeinhin »schlechtes Wetter« zu nennen pflegt.

Mit den ersten Flocken kommt auch das Fieber ins Land, epidemisch. Das Spinnerfieber: kaum sind die Berge leidlich weiß, da wird skigetourt, daß die Belagfetzen fliegen. Da wird skigetourt und wenn die Ski noch so funken im schüchtern angezuckerten Geröll.

Der Winter kommt, hurra! Wie schön, ein Spinner sein zu dürfen, gerade jetzt, wo die gestreßten Vernünftigen ihre Schmollwinkel beziehen.

Der Ski ist eine der schlauesten Antworten auf klimatische Scheußlichkeiten des mitteleuropäischen Winters, zumindest eine der lustigsten.

Sind die Spinner letztendlich nicht doch die Gescheiteren?

Ansichtssache ...

Die hundert schönsten …

Walter Pause hat's erfunden, das System mit den »100 schönsten«. Auf Ski, auf Wanderschuhen, in Fels und Eis, leicht bis extrem. Es war *seine* Idee und eine gute obendrein. Die Auflagenzahlen seiner Bücher sprachen Bände, und im Kielwasser seines Erfolges schwimmen immer wieder Büchlein mit, die nach dem gleichen Strickmuster gefertigt sind.
»Die 238 schönsten Touren zwischen Watzmann und Königssee.«

Was mich stört, ist nicht das Vorhandensein solcher Bücher, vielmehr der leichtfertige Umgang mit subjektiven Begriffen wie »schön« oder gar »die schönsten«.
Was eine Tour schön macht, bleibt allemal Zufällen überlassen. Die unscheinbarste Wald- und Wiesentour kann bei Sonne und Pulver schnell zum weißen Rausch werden, während Bruchharsch oder Sauwetter die Schönheit einer sogenannten Top-Tour gleich mal gehörig abmontieren.

Und was mich noch mehr stört: daß ich Esel nichts Besseres zu tun habe, als gehörig mitzusammeln, abzuhaken, mit Walter Pause hat's angefangen, und mit diversen anderen Schmökern geht's munter weiter.
»Die 135 schönsten« und 48 hab' ich schon, also fehlen noch 87. Ich weiß nicht, ist es ein »was man hat, hat man«, eine Form der Besitzgier? Geht die Tour, der Berg mit dem Abhaken in mein unangreifbares Eigentum über? Oder ist es pure Sammelleidenschaft, das Bedürfnis nach Ordnung, Überschaubarkeit angesichts der Tatsache, daß man die Unzahl von Bergen schließlich doch nicht alle ersteigen kann?

Wenn 87 fehlen in der Sammlung, weiß ich, was noch zu tun ist, bis ich in Ruhe sterben darf!
Was bin ich doch für armer ein Narr …

Aha, ein neuer Sammelband in der Auslage des Buchladens? Den muß ich mir doch gleich mal ansehen …

Und mittlerweile bietet meine Sammlung von Sammlungen wieder viel zu viel Ziele, als daß sie alle in *einem* Leben abzuhaken wären.

Wieder nichts mit dem Ruhig-sterben-können …

Alljährliche Kollision

Wer nicht klettert, kennt ihn nicht, den Widerstreit der Wünsche. Jedes Jahr aufs Neue.
Der Frühling ist ja angeblich die beste Zeit für Skitouren. Die berechenbaren Bedingungen, sofern der Zeitplan stimmt.
Die langen Tage.
Die starke Sonne.
Der Firn!! Diese Orgien, wenn der Firn zischt!
Und das müdzufriedene Stolpern nachmittags dann über Krokuswiesen. Aus dem Winter in den Frühling zurück, den gewollten kleinen Anachronismus wieder korrigierend.
Eigentlich nicht sehr gescheit, sich einen langen kalten Winter nach Frühling und Wärme zu sehnen, um dann, wenn es endlich soweit ist, die Wärme zu fliehen und dem Winter nach oben nachzulaufen.
Wenn sie nicht so toll wären, die Feste im Firn ...

Was ein gestandener Sportkletterer ist, kennt da kaum Probleme und eine Hauptsaison erst recht nicht. Die Winterpause wurde abgeschafft. Mittelmeer, Jordanien, Australien, Kletterhallen.
Aber ein Otto Normalbergsteiger wie ich beharrt auf seinem Recht auf Jahreszeitenvielfalt. Im Winter Skistiefel, im Sommer Kletterpatschen oder Wanderschuhe.
Nur deckt sich der Kalenderwinter eben nicht mit dem Skitourenwinter und der Klettersommer beginnt lange vorm 21. Juni.

Jedesmal, wenn im März/April die Sonne wieder Kraft bekommt und der Fels der Klettergärten diese Kraft zurückstrahlt, möchte ich am liebsten mit einem Skischuh links und einem Kletterpatschen rechts losziehen, eine Lösung des Konflikts ist nicht in Aussicht und es dauert jedes Jahr stets viel zu lange, bis die Ski eingesommert sind und ich viel zu spät in den Felsspielwiesen auftauche, wo meine Kumpel schon 500 Seillängen Trainingsvorsprung haben, schwerelos herumtanzen und sich kaputtlachen über den Kartoffelsack, der da zitternd an Bierhenkeln hängt, daran zweifelnd, jemals klettern gekonnt zu haben.

Diese meine alljährliche Kollision wird erst aus der Welt sein, wenn ich zu alt zum Klettern bin.

Wann bin ich das?

Die Invasion der Fäustlinge II

Für einen Fäustling sind alle, die zur gleichen Zeit, am gleichen Ort das gleiche vorhaben wie er, z. B. eine bestimmte Skitour zu gehen, keine Gleichgesinnten, sondern Konkurrenten.

Ein Fäustling hat Touren, die auf seiner unverzichtbaren Erfolgslatte noch fehlen.

Daß andere die gleiche Tour eventuell zu ihrem Vergnügen gehen wollen, noch dazu zur gleichen Zeit, erscheint dem Fäustling unverständlich und unmoralisch.

Fäustlinge erkennt man gelegentlich daran, daß sie morgens am Parkplatz ein freundliches »Guten Morgen« ignorieren und alle anderen Fäustlinge schweigend anhassen.

So manch gefinkelter Fäustling tarnt sich aber mit einem freundlich erwiderten »Guten Morgen«, denkt sich aber: »Schon wieder andere! Schert euch!« Dorthin, wo der Fäustlingspfeffer wächst.

Es ist also nicht immer einfach, Fäustlinge auf Anhieb zu erkennen.

Gelegentliche scharfe Zwischensprints beim Aufstieg, beinharte Konditionstests also, geben aber fast schon Gewißheit: Alle, die krampfhaft hechelnd im Windschatten bleiben, sind höchstwahrscheinlich Fäustlinge.

Stehenbleiben, vorbeilassen und schon hat man wieder einen Menschen glücklich gemacht.

Wenn er dann beim Vorbeiziehen noch zufrieden von sich gibt: »Na? Ein bißerl zu schnell angegangen, die Sache, wie?«, dann handelt es sich mit an Sicherheit grenzender Wahrscheinlichkeit um einen grundkorrekten Fäustling.

Ein Fäustling hat auch meist ein paar poltrig-aufmunternde Worte für anwesende Mädels griffbereit.

Was Menschen so unter »aufmunternd« verstehen, scheidet auch Fäustlinge von Nicht-Fäustlingen, ein weiteres Erkennungsmerkmal. Meist sind es Frech- und Blödheiten, verbale Griffe zwischen die Beine.

Fäustlinge sind halt tolle Burschen.
Und was ein richtig toller Bursch sein will, muß schon gelegentlich ein knorriges Bonmot vom Stapel lassen, etwa: »Na, Mädel! Willst leicht gar auch auf den X-Kogel? Das ist aber weit! Und steil! Da wirst aber müde sein am Abend. Da wird sich dein Alter aber gar nicht freuen im Bett, huuahahah!« Der Alte, das bin ich. Oder auf Führungstour mit fünf Frauen: »Weiba! Sovü Weiba! Kreizseitn, ois beinand!« Gruppensex in der Wurstbrotpause kann die staunende Begeisterung auch nicht mehren.
Übertreibung? Von wegen! Zitate, wörtlich. So geschehen in ... na sagen wir mal, in Bayern, Berchtesgadener.
In Bayern ist die Spezies Fäustling ja manchmal in besonders reinrassiger Ausprägung anzutreffen.

Nichts gegen die Bayern, ehrlich, in Tirol ist's ähnlich.

Aber ich brauche gar nicht reden, bin ich doch auch ein Fäustling. Jedesmal, wenn in steiler Spitzkehre vor mir eine hinplumpst (»Huuch!«), denk ich mir doch auch: »Nicht mal 'ne Spitzkehre kann sie, die Ziege! Aber auf Skitour gehen! Das ist wie Tennisspielen und nicht wissen, auf welcher Seite der Schläger den Griff hat; das ist wie Gitarrespielen und glauben, die Stimmwirbel sind zum Lauterdrehen.«

Ja, ein richtiger kleiner Fäustling bin ich.

Und Fäustling bleibt Fäustling.
Da kann man nix machen.

Wirklich gar nix?

Der Fäustling in mir

Manchmal, da packt es mich auch.
Leider.
Dann erwacht der Fäustling in mir und der will wissen, wo das Herz sitzt, will es wieder bis in den Hals hämmern und die Lungen rasseln hören. Der Fäustling in mir testet Schenkel, will wissen, was die Muskeln noch bringen.
Und dann renne auch ich in einer halben Stunde dorthinauf, wo ich gewöhnlich nach einer Stunde anzukommen pflege.
Zu lang am Schreibtisch gesessen?
War ich faul?
Oder ist mir dekadentem Stadtmenschen der Körper gar schon so fremd geworden, daß ich ihn so gewalttätig fordern muß, nur um richtig zu spüren, um wieder fühlen zu können, wo mein Herz und meine Lunge ihren Platz haben?
Oder ist es bloß dies ehrgeizzerfressen-masochistische Scheusal, der Fäustling in mir, zu dem man mich erzogen hat, weil ich meine ersten Schritte zum Berg noch im Heldenzeitalter tat, unterwiesen und belehrt von einem Heer heroischer Kampfmenschen, die partout einen Mann aus mir machen wollten, was immer sie auch darunter verstanden.

Und so fällt es mir auch heute gelegentlich schwer, nach drei Stunden Anstieg hundert Meter unterm Gipfel umzukehren, wenn's besser so wäre und es wäre oft besser so.
Wozu das jahrelange Training in Sachen Vernunft, wenn der Fäustling in mir doch sporadisch triumphiert?

Weiterarbeiten.
Gescheiter werden.
Er ist noch stark, der Fäustling in mir, aber ich bekämpfe ihn wenigstens.

Auch schon etwas ...

»Höher, Kameraden! Auf den Gipfeln gehört uns die Welt!«

(Refrain des Lieds
»Pulverschnee und Gipfelwind«)

Einspruch!

Nichts gehört uns auf den Gipfeln, erst recht nicht die Welt.
(Was tun im übrigen mit der ganzen Welt?)

Mit etwas Bescheidenheit und Behutsamkeit
gehören wir auf den Gipfeln bestenfalls uns selbst.

Was will man eigentlich mehr?

Gehen

Wer in den wilden Raum Natur eindringen will, muß gehen.

Gehen ist die dem Menschen adäquate Fortbewegungsart.

Die Geschwindigkeit des Gehens ist vom Gehirn gerade noch begreifbar. Die Distanz, die wir gehend in einer Stunde zurücklegen, bleibt faßbar.
Schon ein Fahrrad ist zu schnell für unseren Verstand, geschweige denn ein Auto.
Und die Jets sind vollends Abstraktion.
Amsterdam – New York, 3 Stunden. Kein Genie der Welt ist wirklich fähig zu verstehen, was das heißt. Kein noch so raffinierter Vergleich macht uns diese Distanz wirklich zugänglich.

Fahrt Rad. Fahrt Auto. Fliegt über den Teich, aber behaltet euch das Gehen.

Wer in der Wildnis geht, wird den Verstand nicht nachlaufen lassen müssen. Der geht mit.

Wenn die Wildnis Gebirge winters im Schnee liegt, können wir auch hinein.
Auf Schneeschuhen ...

Die Skitour ist Gehen in der Wildnis oder im Raum, den der Winter erst zur Wildnis macht.
Gehen. Einfach gehen. Aber verstehen. Aufnehmen.
Die Skitour ist auch Fahren. Jede Anstrengung des Nach-oben-Wollens mehrt die Belohnung.
Abfahren, das ist Spaß. Großer Spaß.
Pulver. Firn. Wir dürfen wieder Kinder sein, doch es geht so schnell vorbei, das Abfahren, viel zu schnell.
Der innerste Wesenskern der Skitour bleibt das Gehen. Das langsame. Damit Verstand und Sinne dabei sein können. Wer keuchend rennt, ist doch wieder nur mit Herz und Lunge allein.
Wildnis bleibt außen vor.

Nur die am Gehen Freude haben, kommen immer wieder.

Man hat denen Lifte gebaut, die das nicht wollen ...

Freizeit I

Sonntag. Freizeit. Freiheit.
Raus aus der Stadt.
Auf die Autobahn. Zähflüssig. Stau. Sonntag.
Endlich Ankunft. Freizeit.
Kassa. Jedes Jahr teurer.
Anstellen. Warten. Vordrängen. Ellbogen.
Skilauf. Wieder Autobahn. Plattgewalzt. Rundum Autobahnen.
Freiraum? Phantasie? Kreativität? Natur?
Abfahrt um Abfahrt. Kurze Pause. Tageskarte nützen. So teuer.
Abend. Parkplatz. Autobahn. Zähflüssig. Stau.
Sonntag. Freizeit. Freiheit.

Frei wovon? Frei wofür?

Freizeit II

Sonntag. Freizeit. Freiheit.
Raus aus der Stadt.
Auf die Autobahn. Kein Verkehr. Zu früh am Morgen.
Ankunft. Freizeit.
Anfellen. Gratis.
Andre da. Gleichgesinnte. Vorbeilassen. Grüßen.
Freizeit. Freiheit.
Aufstieg. Wildnis. Wegsuche. Verantwortung.
Freiraum. Phantasie. Kreativität. Natur.
Abfahrt. Wieder Wegsuche. Spaß.
Abend. Parkplatz. Müde. Glücklich.
Sonntag. Freizeit. Freiheit.

Winterspuren

Gravieren. Zeichnen. Eingraben.
Kehre um Kehre.
Schwung um Schwung zum fertigen Gemälde.

Sichtbar gewordene Harmonie zwischen mir und der wie schlafenden,
weichbedeckten Landschaft.
Die Welt im Winterschlaf. Ruhend.
Nur mein gefrierender Atem und die Spur.
Ich darf wach sein, daran teilhaben.

Das immerwiederkehrende Glücksgefühl.
Die fast schon verlernte Behutsamkeit,
die man sonst nur noch Kleinkindern gegenüber aufbringt.
Jetzt nur nicht Störenfried sein.
Das Privileg genießen, der Erste sein zu dürfen,
in Einklang mit der Umgebung.

Es ist gar nicht anstrengend, das Spuren.
Wer sagt da, das winterliche Hochgebirge sei menschenfeindlich?
Beim Spuren lebt die Illusion in mir,
ewig so weitergehen zu können.

Im Rückblick die Visitenkarte, meine Unterschrift,
die Liebeserklärung an den kargen strengen Winter:
Die Spur.
Die scharfen Ecken der Kehren,
die sanften Fächer der Schwünge,
das fertige Muster, gezeichnet, graviert, eingegraben.
Ein schöpferischer Akt?
Nein, halt, nicht zu überschwenglich!
Behutsam sein. Nicht stören. Nicht zerstören.

Meine Spur wird verschwinden, im Neuschnee, in der Frühlingssonne,
nur meiner Erinnerung wird sie bleiben und der Winter flüstert mir zu:
»Schau! Deine Spur! Siehst du?
Du bist hier zuhause.
Und du darfst immer wiederkommen.«

Ja. Das werde ich tun …

Ausklang

Eigentlich will es schon Sommer werden.
Auch in mir.

Das Zeug liegt schon im Keller.
Es blüht und man sieht keinen Schnee mehr.

Alles zu seiner Zeit.
Es will Sommer werden.

Und doch noch ein letztes Mal.
In den Keller.
Seil und Klemmkeile liegen schon obendrauf, verdecken die Ski.

Ein letztes Mal, eine letzte lange Firnzunge
zwischen schon warm atmenden,
aperen Wiesen und Almrauschbüschen.

Noch ein paar allerletzte Schwünge auf tischtuchgroßen Schneeflecken,
ganz bewußt, noch drei, zwei und der letzte Schwung.

Schön war's und jetzt darf es wirklich Sommer werden ...

Skitouren

Skitouren aus der zweiten Reihe

Zieht man ins Kalkül, daß die »Schönheit« einer Skitour immer etwas Relatives, subjektiv Empfundenes und letztlich von Zufällen Bestimmtes ist, verwundert es auf den ersten, flüchtigen Blick etwas, daß manche Ziele sich seit Jahren höchster Beliebtheit »erfreuen«, während andere, scheinbar ähnliche, immer vernachlässigt wurden und werden. Die Gründe hierfür sind vielleicht tiefer im Bereich des Unbewußten angesiedelt, als es mündige Skitourengeher wahrhaben wollen, anders ist die oftmals beobachtbare Polarisierung in »Toptouren« und »Aschenputtels« auf engstem Raum kaum erklärbar. Nur mit Modetrends oder gar etwaigen Herdentrieben zu argumentieren, wäre billig und oberflächlich, ein kleiner wahrer Kern wird aber schon dran sein. Ich bin sicher, daß in einer Meinungsumfrage zum Thema Auswahlkriterien einer Skitour der Großteil der befragten Skitouristen sich zu einsamen, weniger bekannten Touren und nicht zu überlaufenen Modetouren bekennen würde. Die Begehungsstatistiken strafen diese Einordnung jedoch Lügen und entlarven sie als Lippenbekenntnis. Wo wären sie denn dann alle, die Einsamkeitssucher und Modeverschmäher??
Mit ein Grund für das Schattendasein so mancher »lohnender« Skiziele kann die unmittelbare Nachbarschaft eines »Superbergs« sein, der allen seinen Nachbarn die Schau stiehlt. Sie stehen sozusagen im zweiten Glied, aber nicht was ihre »Qualität«, sondern ihre zählbare Begehrtheit betrifft.
Auf ebendieses »zweite Glied« versuchen die folgenden Vorschläge aufmerksam zu machen. Die Kuhscheibe, das Finsteraarhorn, die »leichten« Saas-Fee-Viertausender oder den Gran Paradiso wird man daher vergeblich suchen, auf den Hocharn wird der übliche Weg nur als abschreckendes Beispiel erwähnt, in der Dauphiné fehlt ausgerechnet das berühmteste Ziel, der Dôme de Neige und so weiter und so fort...
Sarkastisch und mit humorvoller Ironie könnte man sie »Die 40 zweitschönsten Skitouren der Alpen« nennen. Die Auflistung erhebt keinen Anspruch auf Objektivität (im Gegenteil, eine solche Auswahl ist zwangsläufig **immer** subjektiv) und schon gar keinen Anspruch auf Vollständigkeit. Bei diesen 40 Skitourenzielen handelt es sich weder um »Geheimtips«, noch durchgehend um einsame Routen. Bei einer geschätzten Viertelmillion Skitourenfreunden allein im deutschsprachigen Raum wird jeder Glaube, es gäbe noch Geheimtips, zur Illusion und wer die Kraspesspitze im Kühtai oder den Adamello als einsam bezeichnet, macht sich lächerlich.
Die 40 Tips versuchen sich an alle jene zu wenden, denen es erklärtermaßen nicht um große Namen und berühmte Renommiertouren geht, sondern um das persönliche Erlebnis, das man am »zweitberühmtesten« Berg einer Region wahrscheinlich eher hat, als auf den Rummelplätzen mit seinen Hundertschaften von Gleichgesinnten.
Es handelt sich durch die Bank um große, ernste und anspruchsvolle Unternehmungen. Anfänger- und Umsteigerambitionen (es sei mir verziehen) wurden nicht berücksichtigt, ebensowenig Ausweich- und Schlechtwettertouren, auch wenn zweifelhaftes Wetter und ungünstige Verhältnisse leider zum täglichen Brot des Tourengehers gehören.
Da die Skitouristen aus dem deutschsprachigen Raum (zahlenmäßig!) das mit Abstand größte Kontingent in Europa stellen, ist der Großteil der Vorschläge zwangsläufig auch etwas von diesem Raum abgerückt. Damit sich weite Anfahrten auch auszahlen, sind in kleinen Anhängen Hinweise auf weitere »Skitouren aus der zweiten Reihe« in unmittelbarer Umgebung aufgelistet.

40 Tourenvorschläge

ÖSTERREICH

1 Manndlkögel – Umfahrung (Dachsteingebirge)
2 Gjaidstein – Umfahrung und Edelgrieß / Fluder (Dachsteingebirge)
3 Sauberg (Niedere Tauern)
4 Weißeck – Überschreitung (Niedere Tauern)
5 Weinschnabel (Niedere Tauern)
6 Hocharn – Überschreitung (Goldberggruppe)
7 Hochtenn (Glocknergruppe)
8 Großvenediger und Hohe Fürleg (Venedigergruppe)
9 Gabler (Reichenspitzgruppe / Zillertaler Alpen)
10 Kraspesspitz-Runde (Stubaier Alpen)
11 Breiter Grießkogel (Stubaier Alpen)
12 Hoher First (Ötztaler Alpen)
13 Wassertalkogel (Ötztaler Alpen)

ITALIEN (OSTALPEN)

14 Dreiherrenspitze (Venedigergruppe)
15 Rauchkofel (Zillertaler Alpen)
16 Fünfte Hornspitze (Zillertaler Alpen)
17 Botzer (Stubaier Alpen)
18 Weißkugel (Ötztaler Alpen)
19 Punta San Matteo (Ortlergruppe)
20 Adamello (Adamellogruppe)

ITALIEN (WESTALPEN)

21 Mont Gelé (Penninische Alpen)
22 Becca di Luseney (Penninische Alpen)
23 Château des Dames (Penninische Alpen)
24 Punta Rossa – Überschreitung (Gran-Paradiso-Gruppe)
25 Becca di Giasson (Gran-Paradiso-Gruppe)

SCHWEIZ

26 Hinter Tierberg (Urner Alpen)
27 Rheinwaldhorn (Adulaalpen)
28 Ankenbälli (Berner Alpen)
29 Trugberg (Berner Alpen)
30 Arpelistock (Westliche Berner Alpen)
31 Mont Collon – Umfahrung (Westliche Walliser Alpen)
32 Mont Vélan (Westliche Walliser Alpen)

FRANKREICH

33 Aiguille de la Bérangère (Mont-Blanc-Gruppe)
34 Mont Pourri (Vanoise)
35 Aiguille de la Grande Sassière (Grajische Alpen)
36 Albaron – Überschreitung (Grajische Alpen)
37 Pointe de Charbonnel (Grajische Alpen)
38 Dôme de la Lauze / Col du Replat – Überschreitung (Dauphiné)
39 Grande Ruine (Dauphiné)
40 Col de la Temple / Glacier Noir (Dauphiné)

Manndlkögel - Umfahrung

Die dolomitenartigen Felszacken des Gosaukamms animieren auf den ersten Blick nicht gerade zum Skifahren, und es gibt auch wenige mit Ski erreichbare Gipfel. Die zwischen den senkrechten Kalkwänden eingebetteten Kare und Rinnen, die von den Scharten herabziehen, bieten jedoch hervorragende Möglichkeiten für's Frühjahr. Einzelne Abschnitte der hier vorgestellten Runde sind relativ beliebt, die gesamte Umfahrung in einem Zug wird aber eher selten gemacht.

Talort und Zufahrt: Talstation der Gosaukammbahn am Vorderen Gosausee, 933 m. Zufahrt von der Westautobahn über Gmunden und das Trauntal, oder von Westen (Salzburg/Deutschland) über Golling – Abtenau – Paß Gschütt.

Beste Zeit: März – Mai.

Charakteristik: Aufstiege nordost- und südwestseitig, meist steil, Abfahrten süd-, südwest- und nordostseitig, meist steil, ideal bei Firn. Gesamtaufstiegs- und Abfahrtshöhe 1600 Hm/7 Std.

Route: Vom Nordwestende des Gosausees erst schräg nach Süden über freie Hänge, später nach Südosten durch steilen Wald im allgemeinen auf dem Sommerweg zur Scharwandhütte, 1360 m. Von der Hütte weiter auf dem Sommerweg nach Südosten, unter der Gamsriese vorbei und unter dem Steigkogel in die Wasserriese. Dieses anfänglich breite Kar aufwärts und bei seiner Teilung im rechten Ast, zuletzt durch eine steile Rinne, zu Fuß in die Manndlscharte, 2090 m. Südlich davon erst in der schmalen, dann breiter werdenden Rinne durch die »Weite Zahring« bis ca. 1450 m abfahren und in kurzem Aufstieg nordwestwärts zur Stuhlalm, 1462 m. Die Steilhänge über der Alm schräg links (nach Norden) aufwärts auf die Südwand des Angersteins zu und durch die westlich davon eingeschnittene Weitschartenrinne entweder direkt zu Fuß (sehr steil) oder etwas weiter westlich auf dem Sommerweg über eine drahtseilgesicherte Steilstufe in die Große Weitscharte, 1925 m. Jenseits steil ins immer breiter werdende Weitschartenkar. Bei ca. 1500 m rechts (nordostwärts) heraus zur Scharwandhütte und wie beim Aufstieg zurück zum Gosausee.

Karte: AV-Karte Blatt 14 b Gosaukamm (1:25 000).

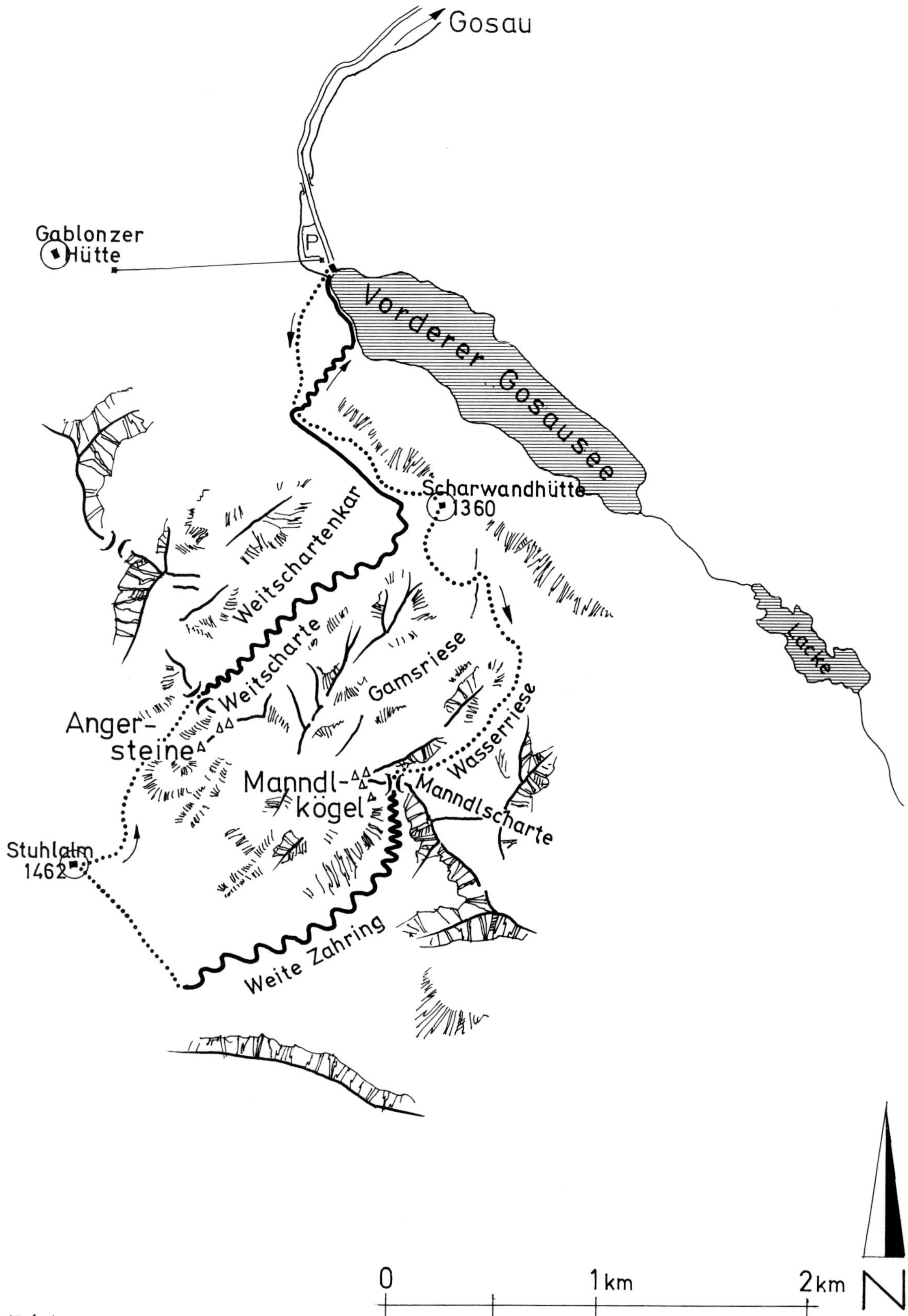

◁ *Manndlscharte und »Weite Zahring« von der Stuhlalm.*

2 Gjaidstein – Umfahrung und Edelgrieß/Fluder

Weite Plateauüberquerungen in den Nördlichen Kalkalpen sind etwas aus der Mode gekommen. Rassige, zügige Abfahrten entsprechen mehr dem Zeitgeist als die Hochflächen mit ihrem ermüdenden Auf und Ab. Wer sich nun bewußt altmodisch verhält und die Gjaidstein-Umfahrung angeht, darf sich dafür an der kompromißlosen Einsamkeit »Auf dem Stein« erfreuen, die durch einen enormen Kontrast noch gesteigert wird: Man beginnt mit der Südwand-Seilbahn, rutscht einige Minuten gemeinsam mit dem Pistenvölkchen über langweilig-flache Abfahrten und ist zwei Ecken weiter im totalen Abseits. Ist man anderntags über den Hallstätter Gletscher wieder aufgestiegen und wird nicht von einem der qualmenden »Gletschertaxis« über den Haufen gefahren, wartet auch auf Liebhaber rasanter Abfahrten die Belohnung: die klassische Edelgrieß-Abfahrt, oder noch steiler die Fluderrinne.

Talort und Zufahrt: Von Schladming im steirischen Ennstal in die Ramsau und zur Talstation der Dachstein-Südwandbahn (Mautstraße).

Stützpunkt: Simonyhütte, 2203 m, ÖAV; fast ganzjährig, auf alle Fälle in der Skitourenzeit bewirtschaftet.

Beste Zeit: März/April.

Charakteristik: 1. Tag: Abfahrt 800 Hm ost- und nordseitig, meist sanft; Orientierung bei schlechter Sicht trotz Stangenmarkierung problematisch. Aufstieg nordostseitig, mittelsteil, 400 Hm. Gesamtzeit von der Seilbahn-Bergstation zur Simonyhütte: 5 Std.

2. Tag: Aufstieg nordseitig, mittelsteil, 900 Hm; Abfahrt je nach Schneelage bis zu 1900 Hm, südseitig, teilweise steil, gesamt 6 Std.

Aufstieg über den Hallstätter Gletscher (2. Tag).

Route: 1. Tag: Von der Bergstation auf den Pisten des Schladminger Gletschers nach Nordosten zur Talstation des Sessellifts. Nun nach Norden in den Sattel (P. 2396) westlich des Mittersteins (Stangenmarkierung). Am Mitterstein vorbei nach Osten in die »Lange Grube« abfahren. Eine wellige Ebene nordostwärts überqueren und nordwestwärts in ein schwach ausgeprägtes Hochtal, das westlich des Mosersteins parallel zu den Gjaidstein-Ostwänden verläuft. Dieses Tal entlang nach Nordwesten (man verläßt hier die Stangenmarkierung) bis an den Nordost-Pfeiler des Taubenkogels. Nach kurzer Abfahrt trifft man auf die Stangenmarkierung, die von der Kaserne Oberfeld zur Simonyhütte führt. An dieser erst südwestwärts, später westwärts über den Taubenriedel zur Hütte.

2. Tag: Von der Hütte nach Süden in die Grube unter der Zunge des Hallstätter Gletschers mit ihren Seen. Nun auf den Hohen Gjaidstein zu und unter seiner Westwand am Ostufer des Gletschers nach Süden in den Gjaidsteinsattel, 2647 m, wo man wieder die Pisten des Vortages erreicht. Abermals Abfahrt zur Talstation des Sessellifts und in flacher Abfahrt weiter erst nach Osten, dann nach Süden auf eine weite Ebene (P. 2222). Südwestwärts ins Koppenkar, zuletzt steiler nach Nordwesten an die Südwand des Koppenkarsteins heran und auf einen von dort herabziehenden Firnkamm. Steile Einfahrt südwestwärts ins Edelgrieß und dieses abwärts bis zu einer Steilstufe auf 2000 m, die man an ihrem östlichen Rand umfährt. Nun nach Südwesten zur Talstation der Dachstein-Seilbahn. Bei ausreichender Schneelage kann von der Steilstufe nach Süden zu einem latschenbewachsenen Kamm gequert und von da über sehr schöne Hänge bis zur Straße in der Ramsau abgefahren werden.

Abfahrtsvariante durch die Fluder: Sehr steil mit kurzer Felspassage am unteren Ende. Vom Westende des Koppenkars nach Süden in die Scharte zwischen Schmiedstock und Hohem Gamsfeldspitz (zuletzt kurze Steilrinne). Links (südostwärts) in eine Grube und zur Fluderscharte, 2570 m. Im Linksbogen nach Süden in die Fluder einfahren und das prächtige Steilkar abwärts bis zu einer felsigen Steilstufe bei 1900 m. Zu Fuß (Passage apert früh aus) auf die darunterliegenden Hänge und diese abwärts in die Ramsau.

Karte: AV-Karte Blatt 14 Dachsteingebirge.

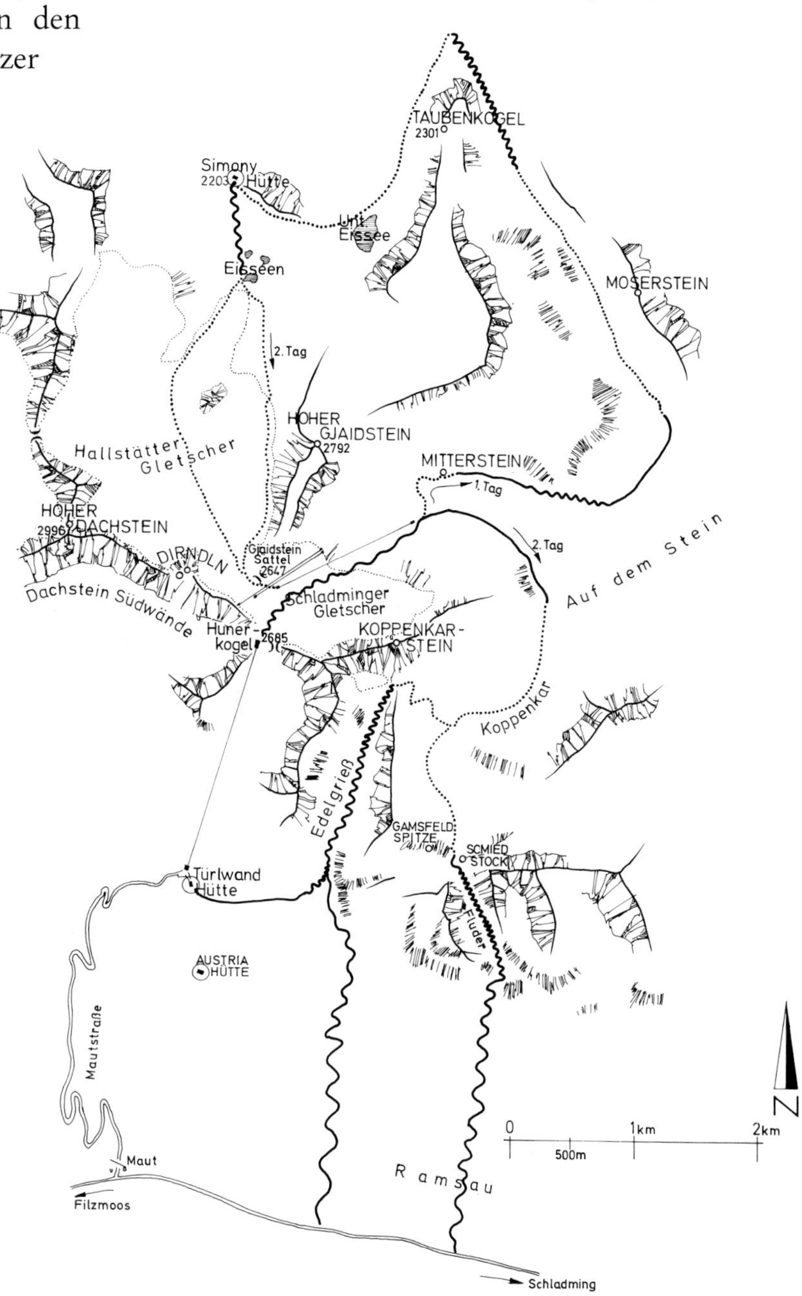

3 Sauberg (2520 m)

Die Niederen Tauern können getrost als eines der reichhaltigsten Skitourengebiete der Alpen bezeichnet werden. Im vierbändigen Führerwerk der Gebrüder Rabeder sind mehr als tausend Skitourenmöglichkeiten vom Hochwinter bis zum Spätfrühling beschrieben. Wald- und Wiesenbummel einträchtig neben anspruchsvollen Großunternehmungen für Erfahrene. Aus dieser Überfülle eine Tour auszuwählen, ist leicht und schwierig zugleich, auf alle Fälle aber subjektiv und willkürlich.
Die Niederen Tauern sind gar nicht so niedrig wie ihr Name suggeriert, und durch das Fehlen städtischer Ballungszentren in unmittelbarer Nähe halten sich die Besucherströme in Grenzen. Die Einheimischen sind hier auf Tour noch keine Minderheit. Der folgend beschriebene Anstieg über den herrlich gelegenen Duisitzsee zum Sauberg (er heißt wirklich so) stellt in etwa die goldene Mitte des Niedere-Tauern-Angebots dar: nicht sonderlich schwierig, aber auch keine Anfängertour.

Ausgangspunkt und Zufahrt: Gasthaus Hopfriesen, 1060 m, im Obertal. Zufahrt von Schladming im steirischen Ennstal über Rohrmoos ins Obertal (in Schladming beschildert). 11 km ab Schladming; im Winter geräumt.

Stützpunkt: Jede Menge Gasthäuser und Pensionen in und um Schladming.

Beste Zeit: März – Mai.

Charakteristik: Nord- bis ostseitig, meist mittelsteil, 1450 Hm/5 Std. Reichgegliedertes Gelände, kurzweiliger Anstieg.

Route: Vom Gasthaus noch weiter ins Obertal auf befahrbarer, aber nicht geräumter Straße bis zur Eschachalm, 1213 m (je nach Schneelage bis hierher auch mit Kfz). Nun steil gut 100 Hm westwärts auf dem markierten Sommerweg durch Wald, dann über Lichtungen zum Duisitzsee, 1648 m. Am Südostufer um den See und nach Süden durch eine Mulde auf eine Ebene (»Innere Alm«, 1836 m). Weiter nach Südsüdwesten über einen runden Sporn zum Buckelkarsee, 2073 m. Nun steil nach Südsüdosten durch eine Rinne in die Krukeckscharte, 2290 m. Auf die Südseite wechseln und dann nach Westen durch eine Mulde, die parallel zum Ostgrat verläuft, zuletzt steil zu Fuß zum Gipfel.

Abfahrt: Wie Anstieg.

Karte: AV-Karte Blatt 45/2 Niedere Tauern II (1:50 000).

Weitere Skitouren in der Region:
Obertal: Zwerfenberg, 2642 m; durchs Elendkar; 1600 Hm/6 Std.
Untertal: Wasserfallspitze, 2507 m; 1450 Hm/6 Std.
Zwerfenberg, 2642 m; durch das Kühkar, 1600 Hm/6 Std.
Greifenberg, 2618 m; durch den Klafferkessel; 1500 Hm/7 Std.
Waldhorn, 2702 m; durch das Sonntagkar; 1700 Hm/7 Std.
Hochwildstelle, 2747 m; 1700 Hm/7 Std., schwieriger Gipfelgrat; allesamt großartige, anspruchsvolle Anstiege von teils beträchtlicher Steilheit und Höhendifferenz.

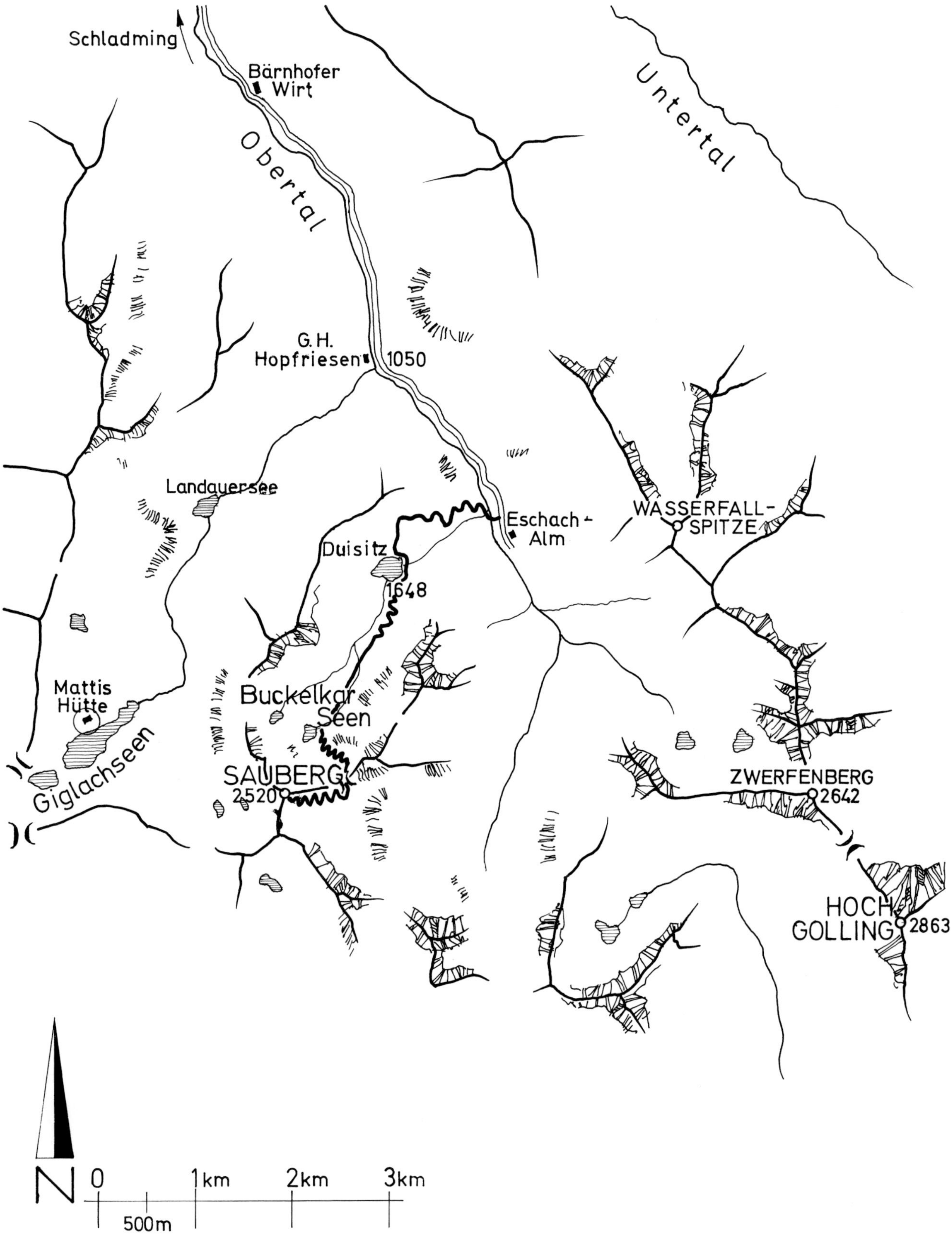

Schladming
Bärnhofer Wirt
Obertal
Untertal
G.H. Hopfriesen 1050
Landauersee
Eschach-Alm
Duisitz
1648
WASSERFALL-SPITZE
Mattis Hütte
Buckelkar Seen
Giglachseen
SAUBERG 2520
ZWERFENBERG 2642
HOCHGOLLING 2863
N
0
500m
1km
2km
3km

4 Weißeck (2711 m) – Überschreitung

Bis zur Fertigstellung der Tauernautobahn in den 70er Jahren war das Lungauer Zederhaustal verkehrstechnisch einer der entlegensten Winkel Österreichs. Der Preis, den die Zederhauser für diese Erschließung zahlen müssen, ist immens, sieht man sich das Tal heute an: ganzjährig donnernder und stinkender Durchzugsverkehr und ein zubetoniertes Gebirgstal. Der relativ späte Anschluß an das internationale Verkehrsnetz ist wahrscheinlich mit ein Grund dafür, daß der Bekanntheitsgrad eines so phantastischen Skiberges, wie es das Weißeck ist, erst in den letzten Jahren etwas zugenommen hat. Zwei markante Kare ziehen von dieser Kalkinsel nach Nordosten: Die »Hölle« und das Ödenkar. Beide werden bei der Überschreitung benützt. Die landschaftliche Schönheit der Hölle und die Superabfahrt durchs Ödenkar machen diese Tour zu einer der schönsten in den Niederen Tauern.

Talort und Zufahrt: Südportal des Tauerntunnels, 1400 m. Zufahrt von der Ausfahrt Zederhaus auf der Landesstraße zurück nach Norden Richtung Riedingtal bis zum Schranken des alten Fahrweges unmittelbar neben dem Tunnelportal, wo die Straße ins Riedingtal eine große Schleife über die Autobahn macht.
Beste Zeit: März / April
Charakteristik: Aufstieg nordostseitig, meist mittelsteil, in schöner Felsumrahmung; 1300 Hm / 4 – 5 Std. Abfahrt nordseitig, Einfahrt sehr steil, dann abnehmend. Letztes Stück des Aufstiegs zu Fuß über Schutt und unschwierige Schrofen. Abfahrt durchs Ödenkar nur bei stabilen Verhältnissen!
Route: Vom Parkplatz nach Westen über den Riedingbach und über Kahlschläge und lichten Wald entlang des Sommerwegs zur Spandlalm, 1740 m. Weiter

südwestwärts zu einer Jagdhütte, 1958 m, und in das von eindrucksvollen Felszacken eingerahmte Höllkar. Bei ca. 2400 m links (ostwärts) aus dem Kar auf den Nordostgrat der Felskarspitze und über diesen unschwierig zum Gipfel derselben, 2506 m. Weiter nach Westen auf fast horizontalem Kamm zur Pyramide des Weißecks. Steiler hinauf (zu Fuß) über Schutt und Schrofen knapp links (westl.) des Südgrates zum Weißeck, 2711 m.

Abfahrt: Auf dem Gipfelplateau kurz nach Nordosten zu einer Scharte (links davon die sehr steile Einfahrt ins Ödenkar, meist mit Ski möglich). Nach 50 Hm weniger steil durch die phantastische Schüssel des Kars abwärts, bis sie sich deutlich verflacht (ca. 2200 m). Nun nicht gerade weiter, sondern in weit nach Nordosten ausholendem Bogen zurück nach Nordwesten unter den Steilabbruch des Ödenkars. Den latschenbewachsenen Schlußhang am besten an seinem westl. Rand hinab ins Riedingtal zur Schliereralm (kleiner Stausee), 1495 m. Auf der Mautstraße talaus zum PKW.

Karten: AV-Karte Blatt 45/2 Niedere Tauern II (1:50 000)
ÖK Blatt 156 Muhr.

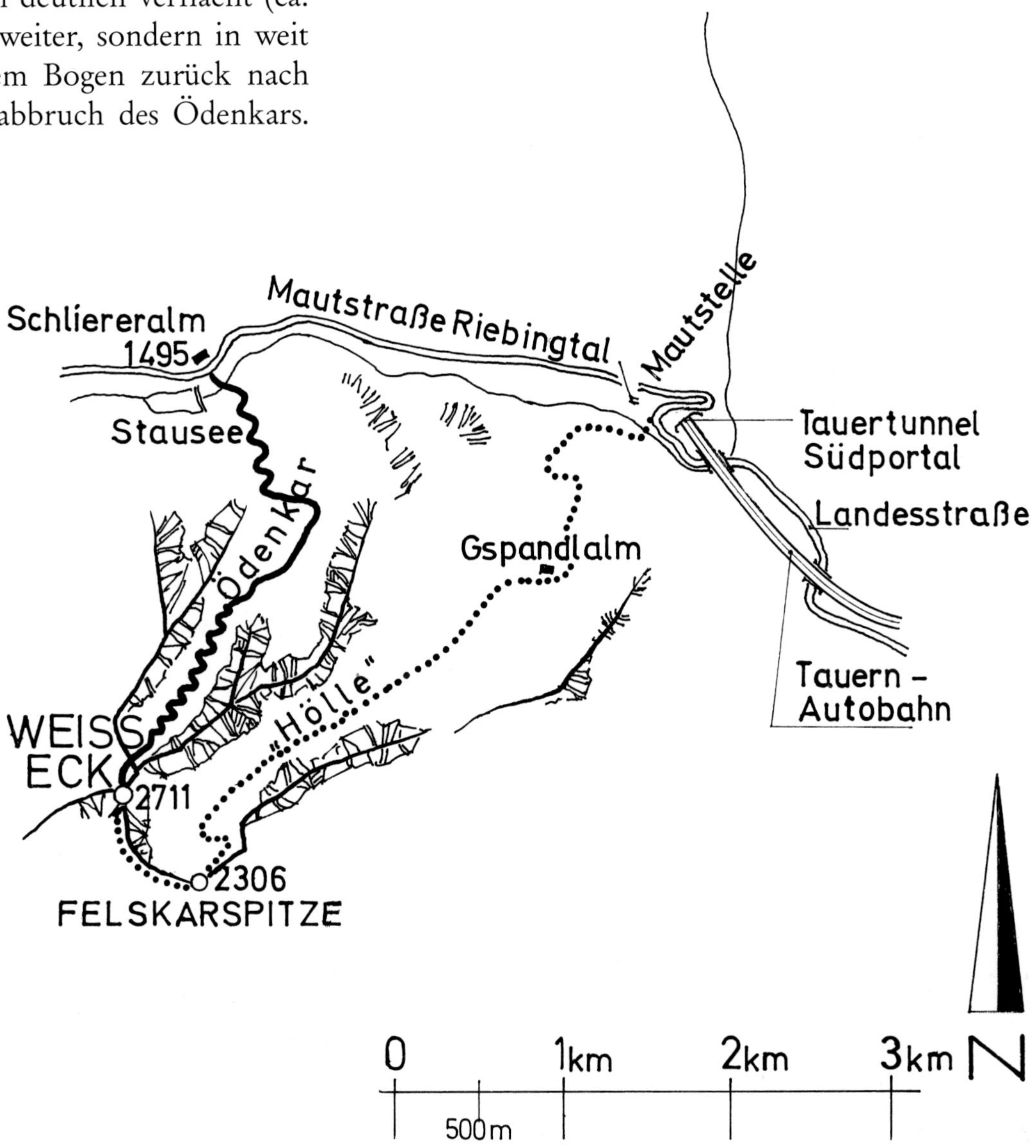

◁ *Das Weißeck vom Mosermanndl gesehen. Eine Kalkinsel im kristallinen Alpenhauptkamm, der Grund für die dolomitenartige Felszackenumrahmung des Höllkars (links), durch welches der Aufstieg führt. Direkt zum Betrachter die regelmäßige Schüssel des Ödenkars.*

5 Weinschnabel (2750 m)

Das Großarltal ist mit gut fünfzig Skitourenmöglichkeiten das ergiebigste der Tauern-Seitentäler. Begeisternd für den Skitourengeher ist der vielfältige Charakter des Angebots. Man findet auch bei zweifelhaften Wetter- und Schneebedingungen ein reiches Betätigungsfeld und die Tourensaison währt hier von den ersten ergiebigen Schneefällen bis weit ins Frühjahr. Je mehr man sich dem Talschluß und somit dem Alpenhauptkamm nähert, desto gewaltiger werden die Berge und desto großzügiger werden die Anstiege. Am Ende der Straße beim schönen alten Bauernhof Stockham öffnet sich ein düster-schattiger Riesenkessel mit einer Vielzahl recht ernster Skitouren. Der Weinschnabel ist hier in der Besuchergunst nicht die Nummer Eins, diesen Rang läuft ihm eindeutig der höhere Keeskogel ab. Welcher der beiden den schöneren Anstieg bietet, ist Geschmacksache, der Weinschnabel ist aber mit Sicherheit der Einsamere. Eine großartige Route über 1700 Höhenmeter.

Talort und Zufahrt: Parkplatz im Talschluß des Großarltals, einem Seitental der Salzach, beim Bauernhof Stockham, 1045 m. Zufahrt von der Tauernautobahn über Bischofshofen und St. Johann/Pongau.

Stützpunkt: Zahlreiche Gasthäuser und Pensionen im Großarltal.

Beste Zeit: März - Mai.

Charakteristik: nordwestseitig, mittelsteil mit einigen Steilpassagen; 1700 Hm/5-6 Std. Zugang zum Schödersee nach Neuschnee oder starker Tageserwärmung großlawinengefährdet; keine Hochwintertour!

Route: Vom Parkplatz (Postbushaltestelle) nach Osten zum Bauernhof Stockham und auf Fahrweg südwärts flach zu einem See. 1068 m, und links (nach Südosten) in den Schödergraben. Durch diesen (meist zahlreiche Lawinenkegel) zum Schödersee, 1430 m. Nun nach Südosten durch eine markante Mulde mit einigen Steilstufen ins weite Marchkar und durch dieses nach Osten in die Muritzenscharte, 2385 m, und über die Nordflanke zum Weinschnabel.

Abfahrt: Wie Anstieg.

Karten: ÖK Blatt 155 Bad Hofgastein (1:50 000)
Blatt 156 Muhr.

Weitere Möglichkeiten im Großarler Talschluß:
Keeskogel, 2884 m; gewaltiger, in letzter Zeit vielbegangener Aufstieg; 1800 Hm/6 Std.
Plattenkogel, 2270 m, und Mandlkopf, 2442 m: 1200 bzw. 1400 Hm, 4–5 Std. Von Stockham durch den Moderegg-Graben (hohe Schneelage angenehm). Häufig begangen.
Mureck, 2402 m, und Schöderhorn, 2475 m: 1400 Hm/4 Std. Von Stockham nach Osten über die Kreealm. An der Steilstufe am Beginn müssen die Ski ein kurzes Stück getragen werden. Sehr beliebt, stark begangen.
Arlhöhe, 2325 m: 1300 Hm/4 Std. Teilweise sehr steil. Nur bei stabilen Verhältnissen. Vom Schödersee nach Süden in die Arlscharte, 2259 m, und nach Westen zum Gipfel.

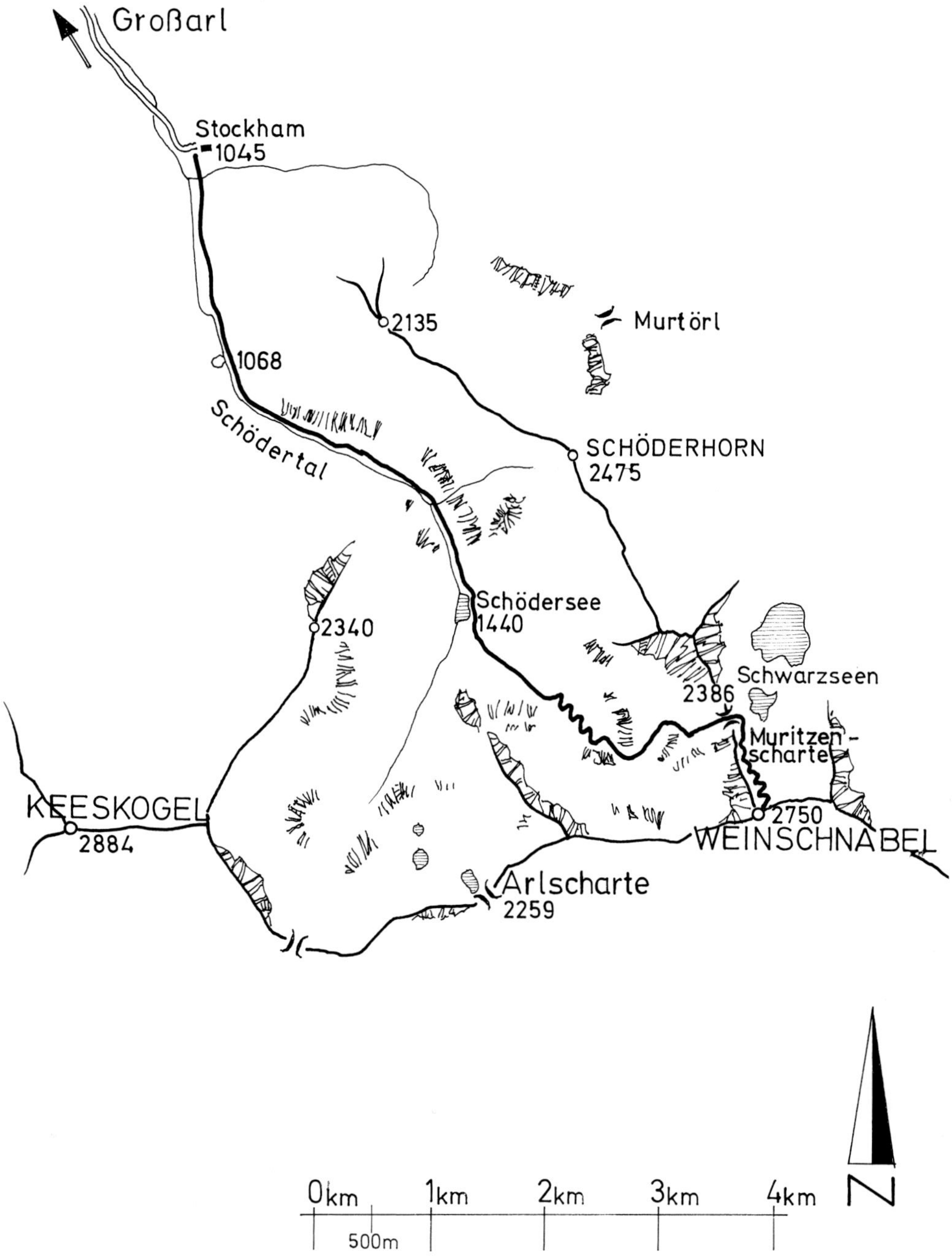

◁ *Der Weinschnabel liegt gut versteckt. Erst nach gut einer Stunde, kurz vor Erreichen des Schödersees, zeigt er sich dem Aufsteigenden zum ersten Mal. Wahrscheinlich mit ein Grund für den relativ spärlichen Zulauf.*

6 Hocharn (3254 m)

Den Hocharn als Skitour zu empfehlen, hieße Eulen nach Athen tragen. Die westalpinen Dimensionen seiner 1600 m hohen, in begeisterndem Schwung verlaufenden Südostflanke machten ihn seit Jahrzehnten zu einem der begehrtesten Skiziele der Ostalpen, und wer sich den Parkplatz in Kolm-Saigurn an einem schönen Maisonntag anschaut, den kann ob der wildplazierten Blechlawine schon das kalte Grausen packen. Bei der hier vorgeschlagenen Route (Aufstieg zum Sonnblick - Nächtigung bei den »Wetterfröschen« - anderntags von der Heiligenbluter Seite zum Hocharn - Abfahrt über die enorm rassige Nordflanke) begegnet man den Pilgerscharen jedoch nur zweimal: am Parkplatz und am Gipfel. Die Gefahr, auf diesem Weg ins Gedränge zu geraten, ist gering. Ist schon der übliche Weg nicht gerade eine Anfängertour, so ist **diese** *Variante vollends dem Erfahrenen, dem Könner vorbehalten.*

Talort und Zufahrt: Gasthaus Bodenhaus, 1236 m, im Talschluß des Rauriser Tals. Von der Salzachbundesstraße Zell/See – Bischofshofen Abzweigung in Taxenbach ins Rauriser Tal.

Stützpunkt: Kolm-Saigurn, 1620 m, ein Naturfreunde- und ein AV-Haus. Zufahrt mit PKW je nach Schneelage meist ab Mai möglich, sonst 1 ½ Std. von Gasthaus Bodenhaus.

Beste Zeit: April – Juni

Charakteristik: Anspruchsvolle Tour mit westalpinen Dimensionen. Abfahrt auf den ersten 400 Hm gut 35 ° steil. Nur bei Schönwetter und stabilen Verhältnissen. Aufstieg fast alle Hangrichtungen, Abfahrt nordseitig. 1. Tag: 1500 Hm Aufstieg, 5 Std. 2. Tag: 700 Hm Aufstieg, insgesamt bis zu 2500 Hm Abfahrt, 5–7 Std.

Route: 1. Tag: Vom Naturfreundehaus auf meist gut gespurter Trasse entlang der Sommermarkierung teilweise steil südwärts zur Neubauhütte (2175 m, in der Tourenzeit neuerdings öfter bewirtschaftet). Nun allgemein südwestwärts ins weite Karbecken unter dem Vogelmaier-Ochsenkarkees. Nun nicht entlang der Skiroute der AV-Karte (veraltet), sondern westwärts etwas steiler auf dem Südostsporn des Sonnblicks in Richtung Rojacher Hütte (geschlossen) und 100 m unter dieser nach Südwesten auf den hier sehr flachen Gletscher. Querung nach Westen, bis man über einen kurzen Steilhang auf das Goldbergkees hochsteigen kann. Nun nordwärts problemlos zum Gipfel. Das Zittelhaus am Gipfel (DAV) ist in der Tourenzeit neuerdings meist bewirtschaftet. Wenn nicht, Unterkunft und einfache Verpflegung im Meteorologischen Observatorium.
2. Tag: Vom Gipfel Abfahrt nach Westen auf den Goldzechkopf zu. Am Fuß seines Südwestgrats über einen ausgeprägten Sattel und jenseits sehr steil abwärts in die Grube oberhalb des Zirmsees. Nun nach Nordosten aufwärts in die nördliche der beiden Goldzechscharten (2870 m) und entlang des Hocharn-Südgrats zum Gipfel.

Abfahrt: Am Nordostkamm auf den Arltkogel zu und am flachen Sattel vor diesem links in die Nordflanke einfahren. (Direkte Einfahrt vom Gipfel auch möglich, aber noch um eine Nuance steiler.) Nun in begeisternder Abfahrt schnurgerade 1300 Hm ins Krumlbachtal hinab. Im Talgrund an zwei Steilstücken (Wasserfall 1743 m, Rohrmoser Alm 1686 m) jeweils westlich vorbei und zuletzt entlang des Sommerwegs zum Gasthaus Lechnerhäusl, 1200 m, 3 km vor'm Bodenhaus.

Karten: AV-Karte Blatt 42 Sonnblick (1:25 000)
ÖK 154 Rauris (1:50 000).

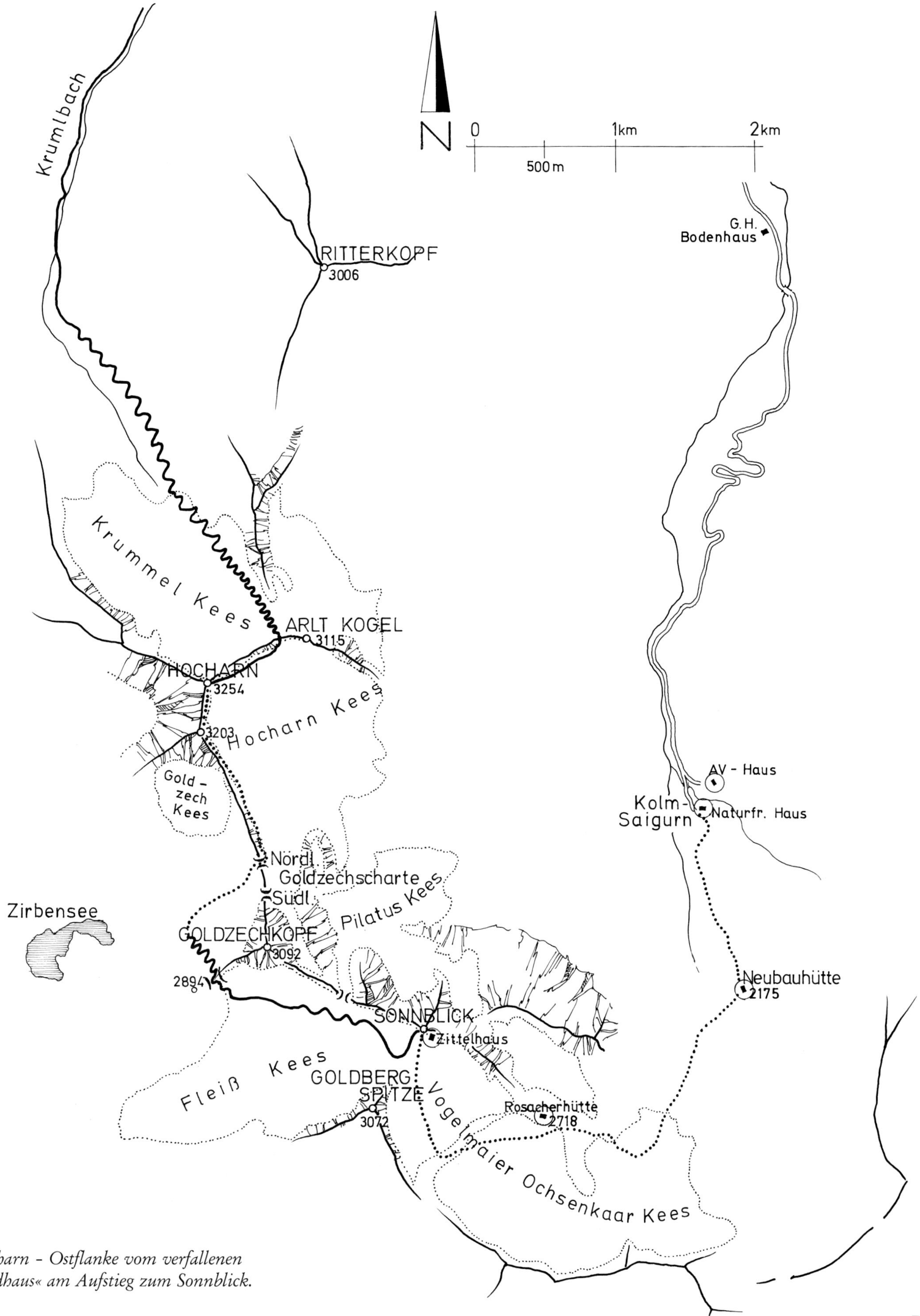

◁ *Hocharn - Ostflanke vom verfallenen »Radhaus« am Aufstieg zum Sonnblick.*

7 Hochtenn (3368 m)

In der an vielbegangenen Anstiegen gewiß nicht armen Glocknergruppe fristet der Hochtenn als Skiziel ein Schattendasein und das aus einem ganz einfachen Grund: 2400 Hm in einem Zug sind eben nicht jedermanns Sache. Die große Höhendifferenz ist aber nicht die einzige Hürde, die genommen werden will: Je mehr man sich den beiden Gipfeln, Schneespitz und Bergspitz, nähert, desto steiler und unwirtlicher wird die Angelegenheit. Oft müssen die Ski schon am Zwingkopf deponiert werden. Da die Ost-Exposition der Abfahrt ohnehin ein Biwak bei »Halbzeit« des Anstiegs nahelegt, bietet sich Skitouristen hier die Gelegenheit, festzustellen, daß ein wohlorganisiertes Biwak mit entsprechender Ausrüstung nichts Schreckliches, sondern ganz im Gegenteil etwas durchaus Gemütliches, auf jeden Fall aber Romantisches sein kann. Einfach einmal ausprobieren …

Talort: Fusch an der Glocknerstraße, 811 m, 13 km von Zell/See.

Stützpunkt: Keiner. Eventuell Biwak bei ca. 2300 m im flachen Teil des Schmalzgrubenkars.

Beste Zeit: April – Juni

Charakteristik: Sehr anspruchsvolle Tour für konditionsstarke Skibergsteiger. Kurze Passagen sehr steil. In einem Zug vom Tal aus sehr anstrengend. Nordostseitig, 2400 Hm, 7 – 8 Std.

Route: Von Fusch knapp 2 km talein bis kurz vor ein kleines Kraftwerk (AV-Karte: »Bärenwerk«, 843 m), hier auf Fahrstraße rechts ab zum Wimmerhof. Entlang des Sommerwegs zur Schmalzgruben-Hochalm, 1710 m, und nach Westen durch das weitläufige Kar (günstige Biwakgelegenheiten bei einer Verflachung auf 2300 m) auf den unscheinbaren Bratschenkopf zu. Bei 2600 m nach Südwesten schwenkend immer steiler, zuletzt sehr steil von Osten her auf den Zwingkopf (3113 m). Über den schmalen Nordostkamm des Hohen Tenn (meist **nicht** mit Ski möglich) zum Vorgipfel (Schneespitz, 3318 m). Spätestens hier Skidepot.

Übergang zum Hauptgipfel (Bergspitz, 3368 m) harmlose Blockkletterei.
Abfahrt: Am Anstiegsweg.
Karten: AV-Karte Blatt 40 Glocknergruppe (1:25 000)
ÖK 153 Großglockner (1:50 000).
Weitere lohnende Skiziele von Fusch aus:
Imbachhorn, 2470 m; 1650 Hm, 5–6 Std.
Kreuzköpfl; 2095 m; 1300 Hm, 4 Std. Hochwintertour.
Klemerbrettkopf, 2567 m; 1400 Hm, 4 Std.
Schwarzkopf, 2764 m; 1600 Hm, 5 Std.

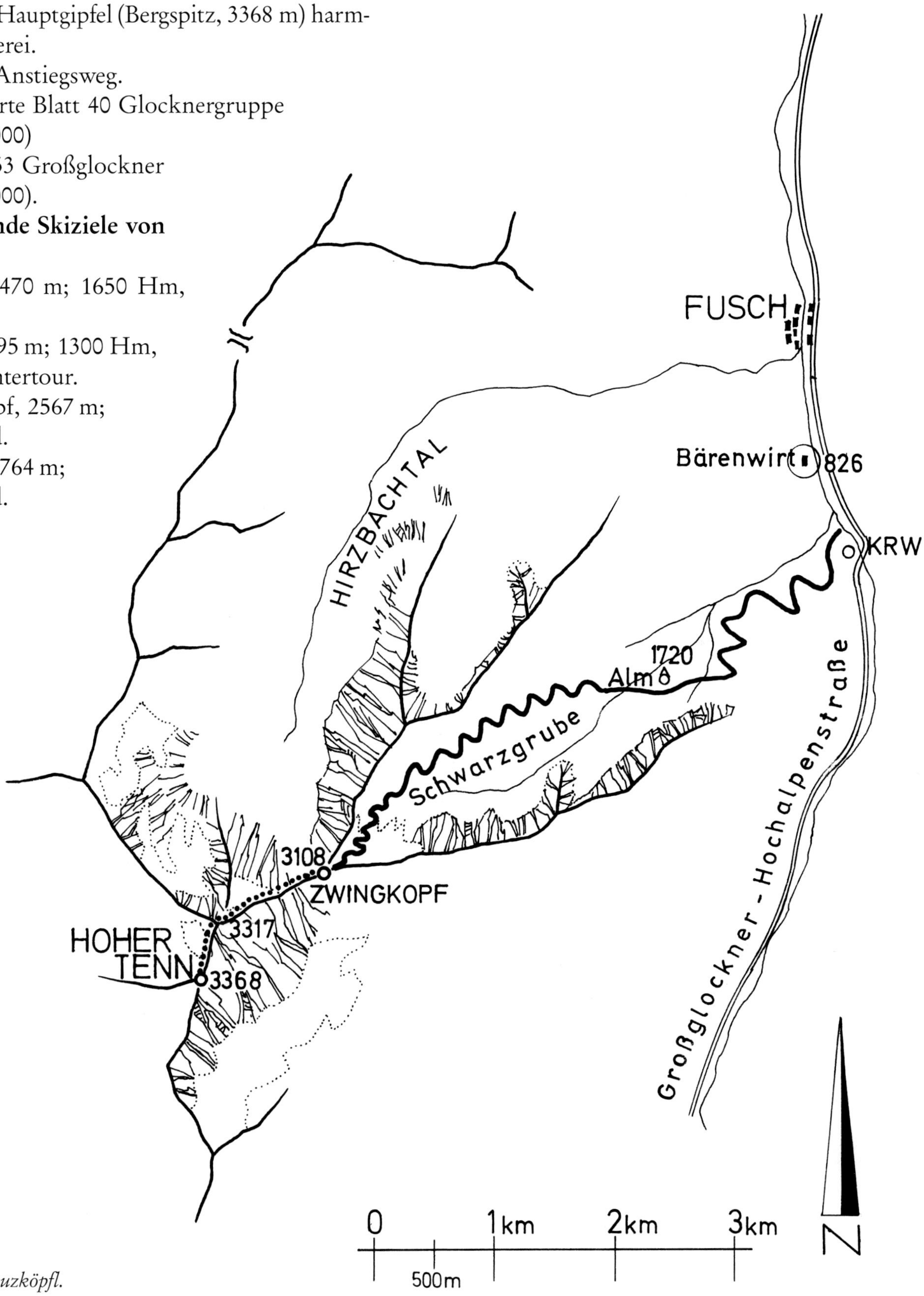

◁ *Hochtenn vom Kreuzköpfl.*

8 Großvenediger (3674 m) / Hohe Fürleg (3244 m)

Das reinste skitouristische Wechselbad! Beginnend über den klassischen und überlaufenen Anstieg via Kürsingerhütte zum Venediger befindet man sich mitten im Gewimmel eines der beliebtesten Skiziele der Ostalpen und verläßt dieses wenige Meter unterm Venedigergipfel. Sozusagen drei Ecken weiter ist man meist mutterseelenallein: vom Kleinvenediger nach Nordosten steil und zügig aufs Viltragenkees und über die Schwarzkopfscharte ins Habachtal zur Thüringer Hütte, in deren gemütlichem Winterraum man Obdach findet, um am nächsten Tag einen der prächtigsten (und am meisten vernachlässigten) Skiberge der Tauern anzugehen: die Fürleg. Ein größerer Kontrastreiz ist kaum vorstellbar. Der Rummelplatz der Kürsingerhütte einerseits und die weltabgeschiedene Einsamkeit der Thüringer Hütte andererseits. Ein Musterbeispiel dafür, daß stark frequentierte Routen nicht immer die lohnendsten sein müssen. Venediger oder Fürleg? Am besten ausprobieren und selbst den Sieger küren!

Talort und Zufahrt: Für Kürsingerhütte: Rosental im Oberpinzgau, 3 km westlich von Neukirchen am Großvenediger.
Für Thüringerhütte: Gasthaus Habachklause, 867 m, 2 km östlich von Neukirchen. Zufahrt über Kitzbühel – Mittersill oder aus dem Zillertal über den Gerlospaß (Maut).

Stützpunkt: Kürsingerhütte, 2547 m, ÖAV. Ab Karwoche durchgehend bewirtschaftet. Zufahrt durchs lange Obersulzbachtal für Privat-PKW gesperrt. Taxidienst je nach Ausaperung bis zur Obersulzbachhütte, 1742 m. Auskunft Verkehrsverein Neukirchen, Tel. 0 65 65 / 2 56.
Von dort 850 Hm/3 Std. entlang des »Winterwegs« (bei 1940 m Materialseilbahn / Gepäcktransport) immer im Talgrund und zuletzt, den Gletscher bei ca. 2500 m verlassend, von Südosten her zur Hütte (fast immer gespurt + Stangenmarkierung). Ohne Taxi gut 1600 Hm/6 Std! Anmarsch vom Gasthaus Siggen (891 m) oder bestenfalls vom Steinbruch Hopffeldboden.
Neue Thüringer Hütte, 2240 m, DAV. Erst ab Mitte Juni bewirtschaftet. Gemütlicher, offener Winterraum (6 Lager). Mit Taxi je nach Ausaperung bis zum Gasthaus Alpenrose (1390 m). Von dort 850 Hm/ 3 Std. Nicht auf dem Sommerweg, sondern bis zuletzt im Talgrund bleibend (meist große Lawinenkegel), vom Talschluß südostwärts aufwärts bis auf 2250 m und nach Norden biegend ohne Höhengewinn zur Hütte, die auf einer weiten Wiesenterrasse steht. Ohne Taxi vom Gasthaus Habachklause 1400 Hm/ 5 Std. Das Taxi kann bei der hier vorgeschlagenen Rundtour von der Kürsingerhütte aus telefonisch für den nächsten Tag bestellt werden.

Beste Zeit: April – Juni

Charakteristik: Hochalpine Tour über spaltenreiche Gletscher
Im 1. Teil (Venediger) stark begangen, flache und skitechnisch langweilige Gletscher. Im 2. Teil (Fürleg) durch die große Einsamkeit eine eigene Dimension an hochalpinem Ernst. Abfahrt nordost- bis nordwestseitig. Hinterstes Habachtal (Trogtal mit steilen Seitenwänden) besonders nach Neuschnee oder starker Tageserwärmung großlawinengefährdet.

Route: 1. (Halb-) Tag: Anstieg zur Kürsingerhütte.
2. Tag: Von der Hütte erst an- dann leicht absteigend nach Osten aufs Obersulzbachkees. Flach ostwärts, dann etwas steiler (Spalten) und schließlich wieder sehr flach nach Südosten in die Venedigerscharte, 3413 m. (Gerne unterschätzte Jochspalten unterhalb der Scharte!) In weitem Bogen von Südosten her aufs sanfte Gipfeldach und die letzten Meter zu Fuß über den verwächteten, aber harmlosen Grat zum Gipfel. Abfahrt zurück zur Venedigerscharte und ostwärts am sanften Schlatenkees den Spuren zur Prager Hütte folgend, bis bei ca. 3000 m ein markanter Schuttrükken im Gletscher untertaucht. Nicht den Spuren zur sichtbaren Hütte weiter folgen, sondern links (nordöstl.) dieses Rückens in rassiger Abfahrt direkt aufs Viltragenkees, welches man bei ca. 2400 m erreicht. Jenseits nach Nordosten aufwärts, am »Muleter Bühel« vorbei in eine tiefe Mulde (kleiner See) und weiter stets nordostwärts problemlos in die Schwarzkopfscharte, 2867 m. Von hier kann bei hoher Schneelage der Kratzenberg (3023 m) über seine Nordwestflanke in ½ Std. »mitgenommen« werden. Jenseits der Scharte erst 100 Hm nordwestl. abwärts

(Spalten) und dann nach rechts schwenkend auf die flache Wiesenterrasse und zur weithin sichtbaren Hütte.

Gesamt 1600 Hm Aufstieg, 1900 Hm Abfahrt, 7–9 Stunden.

3. Tag (auch als Einzeltour ohne Venediger durchaus empfehlenswert): Von der Hütte mit geringem Höhengewinn südwärts, bis man ins Habachtal hinuntersieht. Nun steiler nach Südwesten über das spaltenreiche Habachkees auf die Gipfelpyramide der Fürleg zu. Zuletzt am einfachsten über den Nordgrat zu Fuß zum Gipfel. Es empfiehlt sich, schon von der Hütte aus, oder spätestens während des Aufstiegs die Spaltensysteme zu studieren, um eine hindernislose Abfahrt auszukundschaften. Die Abfahrt folgt dem Anstiegsweg bis ca. 2300 m und führt von da geradewegs ins Habachtal hinab.

1000 Hm Aufstieg, mindestens 1800 Hm Abfahrt. Gut 6 Std. gesamt bis Gasthaus Alpenrose.

Karten: AV-Karte Blatt 36 Venediger (1:25 000) mit Skirouten
ÖK 151 Krimml (1:50 000)
ÖK 152 Matrei (1:50 000)

Weitere Skitourenziele der Region:
Kürsingerhütte:
Keeskogel, 3291 m; 750 Hm/2–3 Std. Hausberg der Hütte.
Großer Geiger, 3360 m; 1250 Hm (mit Gegenanstiegen)/4 Std.
Schlieferspitze, 3289 m; 900 Hm/3–4 Std. + 600 Hm Wiederaufstieg zur Hütte. Die schönste Abfahrt im Bereich der Kürsingerhütte und entsprechend stark besucht.
Thüringer Hütte:
Plattiger Habach, 3214 m; 1000 Hm/3 Std. Fast identisch mit der Tour auf die Hohe Fürleg.
Larmkogel, 3022 m; 800 Hm/2 ½ Std. Hausberg der Hütte.
Habachspitze, 3064 m; 1450 Hm/4–5 Std. Aus dem Habachtalboden bei ca. 1600 m erst unangenehme Steilstufe, dann hindernislose Genußtour.

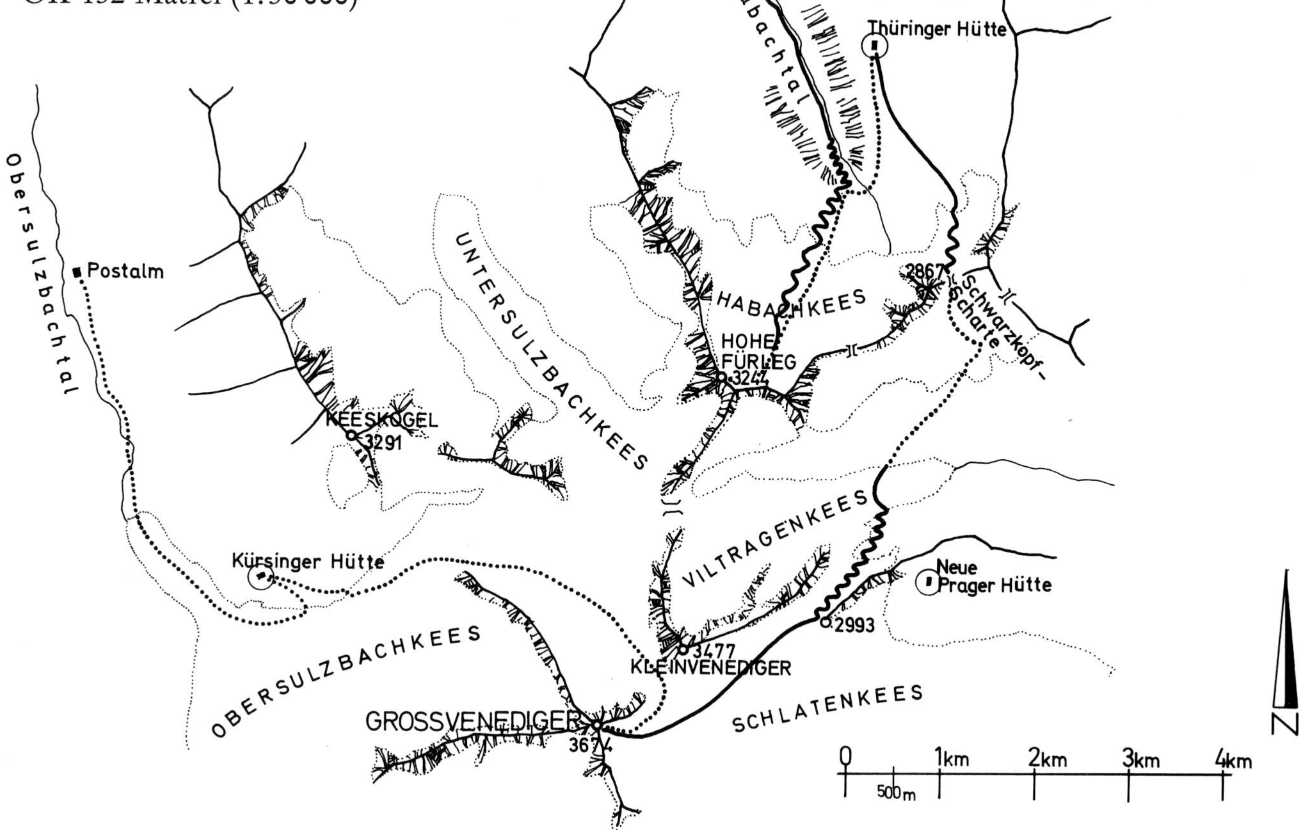

9 Gabler (3260 m)

Der Gabler taucht in verschiedenen Kartenwerken auch als Gabelkopf, Gabelspitze oder Hohe Gabel auf und ist nichts anderes als der Vorgipfel zur (bekannteren) Reichenspitze, die mit Ski aber nicht erreichbar ist. Diese Gruppe stand immer schon etwas im Schatten berühmter Nachbarn, den Zillertalern und dem Venediger. Der Anstieg auf den Gabler endet auf einem unbedeutenden Gipfel und belohnt mit einer Prachtabfahrt. Wen das stört, der soll sich berühmtere Ziele suchen. Es gibt deren genug. Der Gabler ist an ***einem*** *Tag möglich, dann aber als eine Gewalttour über 1800 Hm. Bequemer ist es, im Winterraum der Zittauer Hütte zu nächtigen.*

Ausgangspunkt und Zufahrt: Westl. Mautstelle am Gerlospaß, 1500 m; Zufahrt entweder von Westen durchs Zillertal (Anfahrt aus dem süddeutschen Raum) oder von Osten über Zell/See und Mittersill durchs Salzachtal und über den Gerlospaß (1628 m, Maut, im Winter geräumt).

Stützpunkt: Zittauer Hütte, 2329 m, ÖAV, im Winter geschlossen, Winterraum (10 Lager) offen.

Beste Zeit: April / Mai

Charakteristik: Nordseitig. Anspruchsvoll und lang (besonders, wenn in einem Zug vom Tal her durchgeführt), aber nicht allzu schwierig. 1000 Hm (+ 800 zur Hütte), 3 Std. (+ 3 Std. zur Hütte).

Zugang zur Hütte: Kurz vor der Mautstelle (wenn man von Westen kommt) in einer Schleife unter der Paßstraße durch und die Uferstraße des Durlaßboden-Stausees entlang (Fahrverbot) bis zum Gasthaus Finkau, 1422 m, Parkplatz. Nun das Wildgerlostal auf dem Sommerweg südwärts, vorbei an der Drissl-Alm, 1583 m, bis zu einer Ebene auf ca. 1800 m (»Salzboden«). Im steiler werdenden Tal links (südöstl.) eines Moränenkamms auf einen sperrenden Felsriegel (»Klamml«) zu, den man in einer Rechts-Links-Schleife überwindet, um gleich darauf die Hütte am Ufer des Unter-Gerlos-Sees zu erreichen.

Route: Von der Hütte zunächst nach Süden über einen runden Rücken, dann leicht rechtshaltend (nach Südwesten) in den östlichen Teil des Wildgerlos-Keeses. Den sich nach oben verjüngenden Gletscher aufwärts (Spalten) bis an den felsigen Gipfelaufbau des Gabler heran. (Nicht abschrecken lassen, der Berg sieht von hier sehr wild aus!) Über den Kamm auf die Südseite wechseln und von dort auf den Gipfel.

Abfahrt: Wie Anstieg.

Karten: AV-Karte Blatt 35/3 Zillertaler Alpen / Ost (1:25 000)
ÖK Blatt 151 Krimml (1:50 000)

Weitere Ziele in der Umgebung:
Der Übergang zur Reichenspitze ist bei winterlichen Verhältnissen trotz verfallener Sicherungen eine heikle Angelegenheit.
Schönbichl, 2050 m; 700 Hm / 2 Std. Harmlose Hochwintertour ausgehend von der Kehre unter der Durchlaßboden-Staumauer.
Roßkopf, 2845 m; 550 Hm / 1 ½ Std. von der Zittauer Hütte.
Wildkarspitze, 3076 m; 1400 Hm/5 Std. Von der Gerlospaßhöhe. Altbekannt und entsprechend stark besucht.

Gabler und Reichenspitze von den gegenüberliegenden Kitzbüheler Alpen.

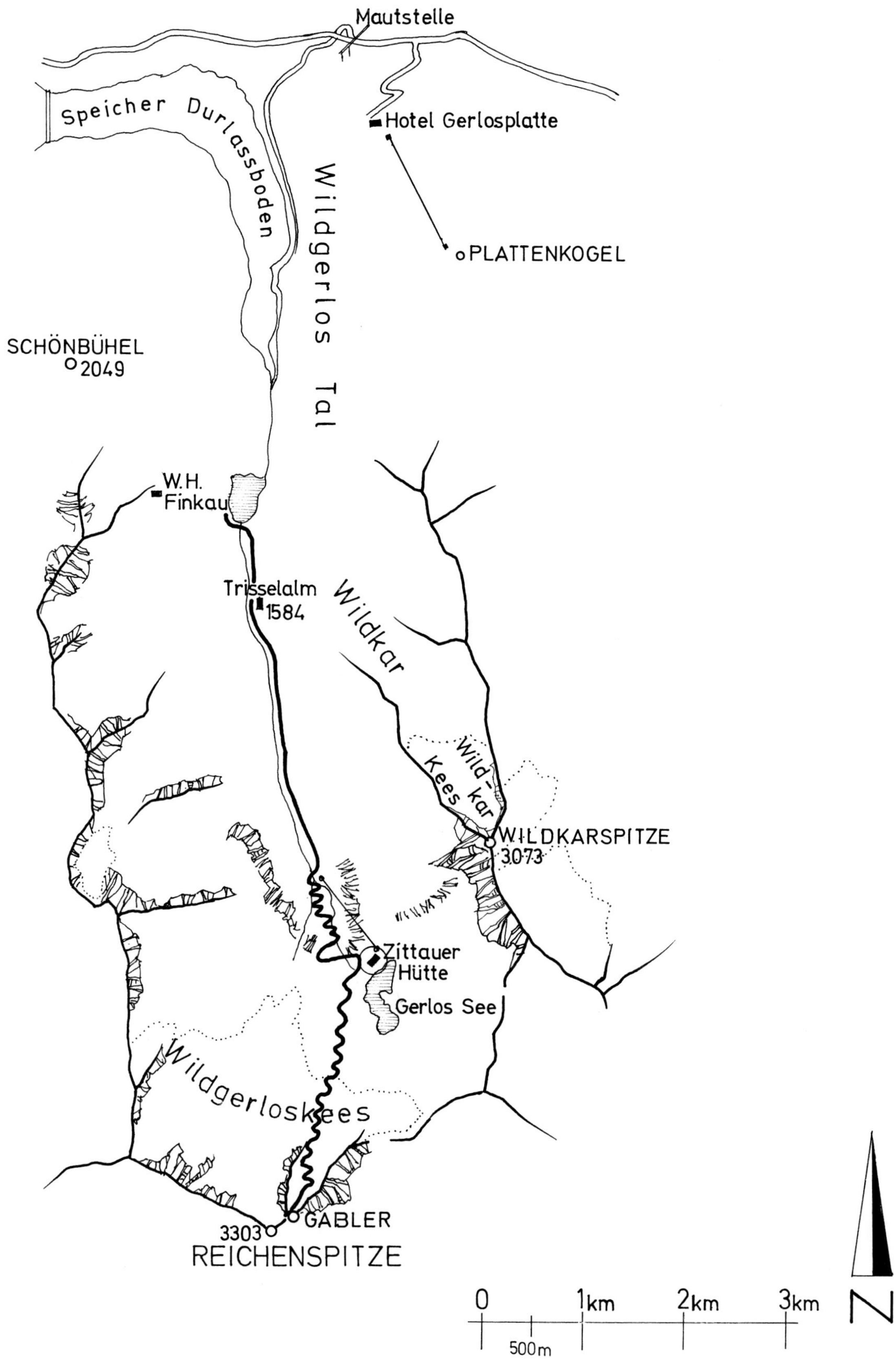
Mautstelle
Speicher Durlassboden
Hotel Gerlosplatte
Wildgerlos Tal
PLATTENKOGEL
SCHÖNBÜHEL
2049
W.H.
Finkau
Trisselalm
1584
Wildkar
Wild-kar Kees
WILDKARSPITZE
3073
Zittauer Hütte
Gerlos See
Wildgerloskees
GABLER
3303
REICHENSPITZE
0
1km
2km
3km
500m
N

10 Kraspesspitz-Runde

Das Kühtai gehört zu den beliebtesten Skitourengebieten der Alpen und hat auf den ersten Blick in dieser Sammlung nichts verloren. Die hier beschriebene Route ist aber im Vergleich zum Rummel an Rietzer Grieß-, Pirch- und Sulzkogel einsam und die ungemein rassige Abfahrt ist auch nicht jedermanns Sache: nur für sehr gute Skifahrer bei stabilen Verhältnissen!

Talort und Zufahrt: Kühtai-Paßhöhe, 2017 m. Zufahrt von Innsbruck über die A 12 bis Zirl-Ost und durchs Sellrain-Tal zur Paßhöhe (37 km von Innsbruck).

Stützpunkt: Dortmunder Hütte, 1948 m, DAV, gut 1 km westl. der Paßhöhe direkt an der Straße. Mehrere Hotels in Kühtai (Liftgebiet).

Beste Zeit: Bei günstigen Verhältnissen schon im Hochwinter möglich. Sonst März – Mai.

Charakteristik: Aufstieg unschwierig. Die Abfahrt ist jedoch teilweise sehr steil und erfordert unbedingt sichere Verhältnisse. Anstieg erst nord-, dann südseitig, 1100 Hm/4 Std. (Ein Schlepplift verkürzt den Aufstieg um gut 200 Hm.) Abfahrt nord- und ostseitig, 1400 Hm.

Route: Von der Paßhöhe mittels Schlepplift oder zu Fuß Richtung Staumauer des Speichers Finstertal. Ans östliche Ende der Mauer und am Ostufer des Sees entlang an sein Südende. Nun durch eine ausgeprägte Mulde erst ost-, dann südwärts in die Finstertaler Scharte, 2777 m. Von der Scharte kurze Abfahrt nach Südosten um den Fuß eines Felssporns herum (»Langschrofen«) und durch eine südexponierte Mulde zum Gipfel der Kraspesspitze, 2953 m.

Einfahrt vom Gipfelgrat der Kraspesspitze.

Abfahrt: Vom Gipfel den Südostgrat abwärts in eine Scharte, 2910 m. Nun steile Einfahrt in eine Rinne der Nordostflanke (die Rinne ist breit genug für eine genußvolle Abfahrt) und dann ostwärts bis ca. 2450 m. Nun nach Norden biegend über prächtige Steilhänge (»Kraspesrinne«) ins Kraspestal hinab und durch dieses hinaus nach Haggen (Engstelle »Hinterzwing« bei ca. 2000 m). Mit Bus oder Taxi zurück nach Kühtai.

Karten: AV-Karte Blatt 31/2 Stubaier Alpen (Sellrain) (1:25 000) – mit Skirouten; ein Großteil der Abfahrt ist als solche aber nicht eingezeichnet.
ÖK Blatt 146 Oetz (1:50 000).

Weitere Skitourenziele von Kühtai aus:
Pirchkogel, 2828 m; durch Sesselliftthilfe 400 Hm Aufstieg, 900 Hm Abfahrt, entsprechend überlaufen.
Sulzkogel, 3016 m; 1000 Hm/3 Std. Beliebtes Ziel im Bereich des Finstertaler Speichers.
Wechnerscharte, 2758 m; 800 Hm/2½ Std. Vom Speicher Längental unterhalb der Dortmunder Hütte.
Wetterkreuz, 2578 m; 800 Hm/2½ Std. Leichte Tour, auch bei zweifelhaften Verhältnissen möglich.
Schafzoll, 2394 m, und Hochwanner, 2488 m; sehr ähnlich im Charakter, kurz und steil (je 600 Hm/1½ Std.). Am besten bei Pulverschnee.

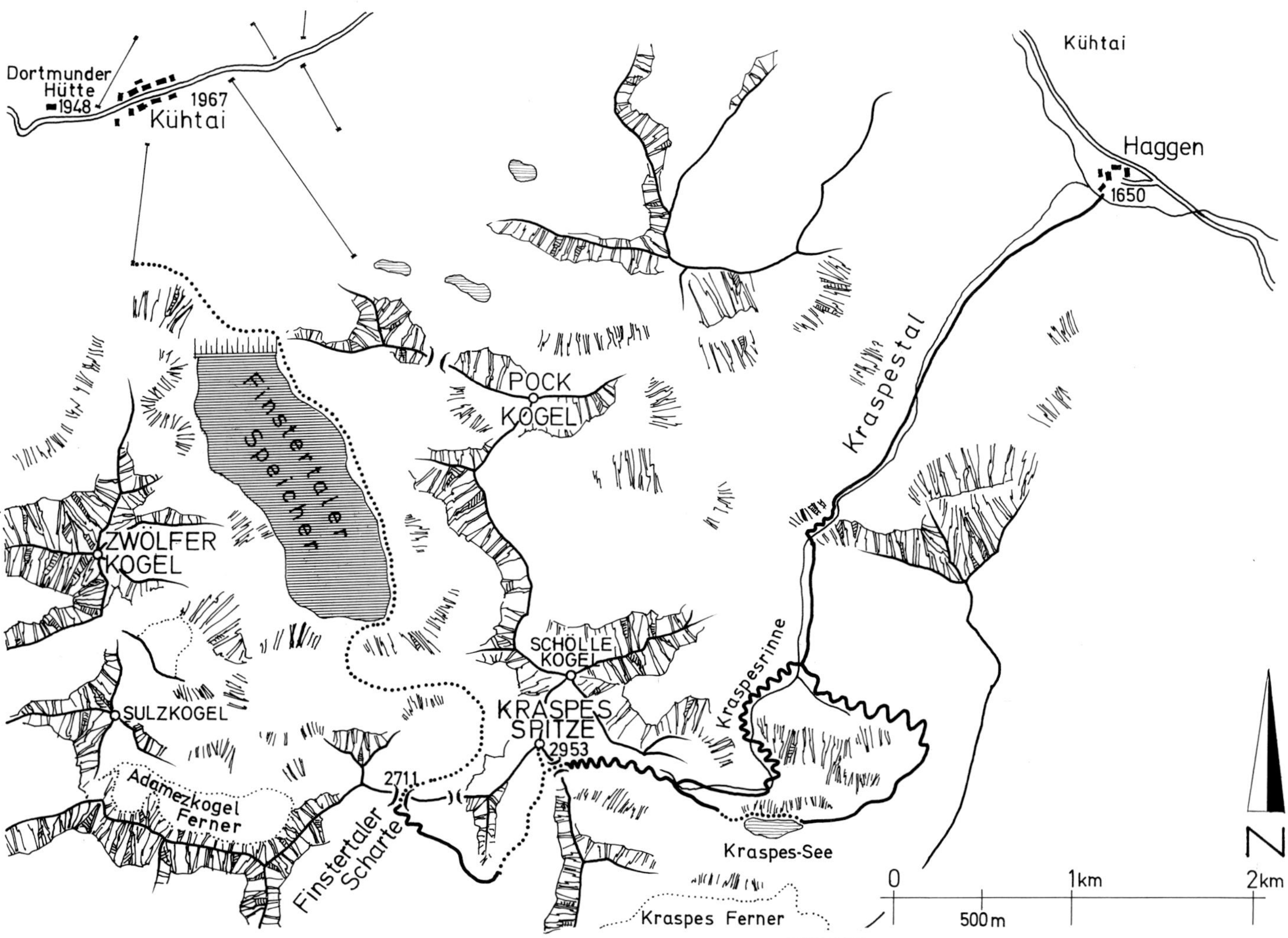

Breiter Grießkogel (3287 m)

Niederthai im Horbachtal, einem Seitenast des Ötztals, hat mit der Guben-Schweinfurter Hütte ein schönes Tourengebiet, das sich aber im Vergleich mit anderen Stubaier Highlights, wie etwa Amberger- oder Sennhütte, herzhafter Vernachlässigung erfreut. Der Breite Grießkogel wartet nach flachem Aufstieg durchs Zwiselbachtal mit zwei sehr schönen Abfahrtsmöglichkeiten auf: durch das Larstigtal oder durch das Grasstalltal.

Talort und Zufahrt: Niederthai, 1535 m.

Zufahrt durch das Ötztal bis Umhausen und auf guter Straße (im Winter geräumt) nach 5 km nach Niederthai.

Stützpunkt: Guben-Schweinfurter Hütte, 2034 m, DAV; in der Tourenzeit 4 Wochen vor bis 1 Woche nach Ostern bewirtschaftet. Sonst Winterraum (AV-Schloß). Von Niederthai entlang des Sommerfahrwegs in 2 Std. problemlos zur Hütte.

Beste Zeit: März – Mai.

Charakteristik: Anstieg meist sehr flach und als Abfahrt uninteressant. 1200 Hm/4–5 Std. Abfahrt je nach Variante nord- oder westseitig, bis zu 1700 Hm.

Route: Von der Hütte erst nach Südosten, dann Süden meist flach bis mäßig steil durchs Zwiselbachtal auf den gleichnamigen Ferner und über diesen nach Südwesten ins Zwiselbachjoch, 2870 m. Ohne abzufellen westwärts auf den Grießkogelferner hinab und auf ihm bis zu einer Steilstufe bei 3100 m. Am linken Rand aufwärts und zuletzt von Norden her auf den Gipfel.

Abfahrt: Am Anstiegsweg zu flach, besser entweder:

a) Larstigtal: Vom Gipfel über die Steilstufe zurück auf den Grießkogelferner und nordostwärts in die Larstigscharte, 3032 m, (kurzer Gegenanstieg). Jenseits nahe des östlichen Randes des Larstigferners (Spalten) in schöner Abfahrt ins Larstigtal und durch dieses hinaus ins Horbachtal.

b) Grasstalltal: Vom Gipfel den Nordrücken bis 3200 m abwärts und nun links (westwärts) den Grasstallferner in nach Norden ausholendem Bogen abwärts zum Grasstallsee, 2534 m. Um diesen südlich herum. Die Steilabbrüche unter'm See werden westlich umfahren und eine weitere Stufe bei 2400 m östlich. Nun problemlos talaus bis 1860 m (Brücke). Entweder entlang einer Forststraße links hinaus nach Niederthai, oder gerade durch Wald hinab ins Horbachtal.

Karten: AV-Karte Blatt 31/2 Stubaier Alpen (Sellrain) (1:25 000)
ÖK Blatt 146 Oetz (1:50 000).

Weitere Möglichkeiten im Raum Niederthai/Gubenhütte:

Von Niederthai aus:

Pleisenspitze, 2902 m; 1400 Hm/5 Std. Im Grasstall-Talschluß.

Hemerkogel, 2760 m; 1250 Hm/4 Std. Sehr steil aus dem Grasstalltal.

Von der Guben-Schweinfurter Hütte aus:

Südliche Larstiggratspitze, 3043 m; 1000 Hm/3 Std. Aus dem Zwiselbachtal, steil und rassig, kurze Gratkletterei am Gipfel.

Schartlkopf, 2831 m; 800 Hm/2 ½ Std. Aus dem Zwiselbachtal, steil.

Zwiselbacher Roßkogel, 3082 m; 1050 Hm/3 Std. Südwesthänge, letztes Stück zu Fuß. Von Norden sehr beliebt, von dieser Seite kaum begangen.

Kraspesspitze, 2953 m; 1100 Hm/3 Std. Prächtiges Steilkar.

Hochreichkopf, 3008 m; 1100 Hm/3 ½ Std. Sehr schönes, reichgegliedertes Gelände. Skidepot in der Hochreichscharte, 2912 m.

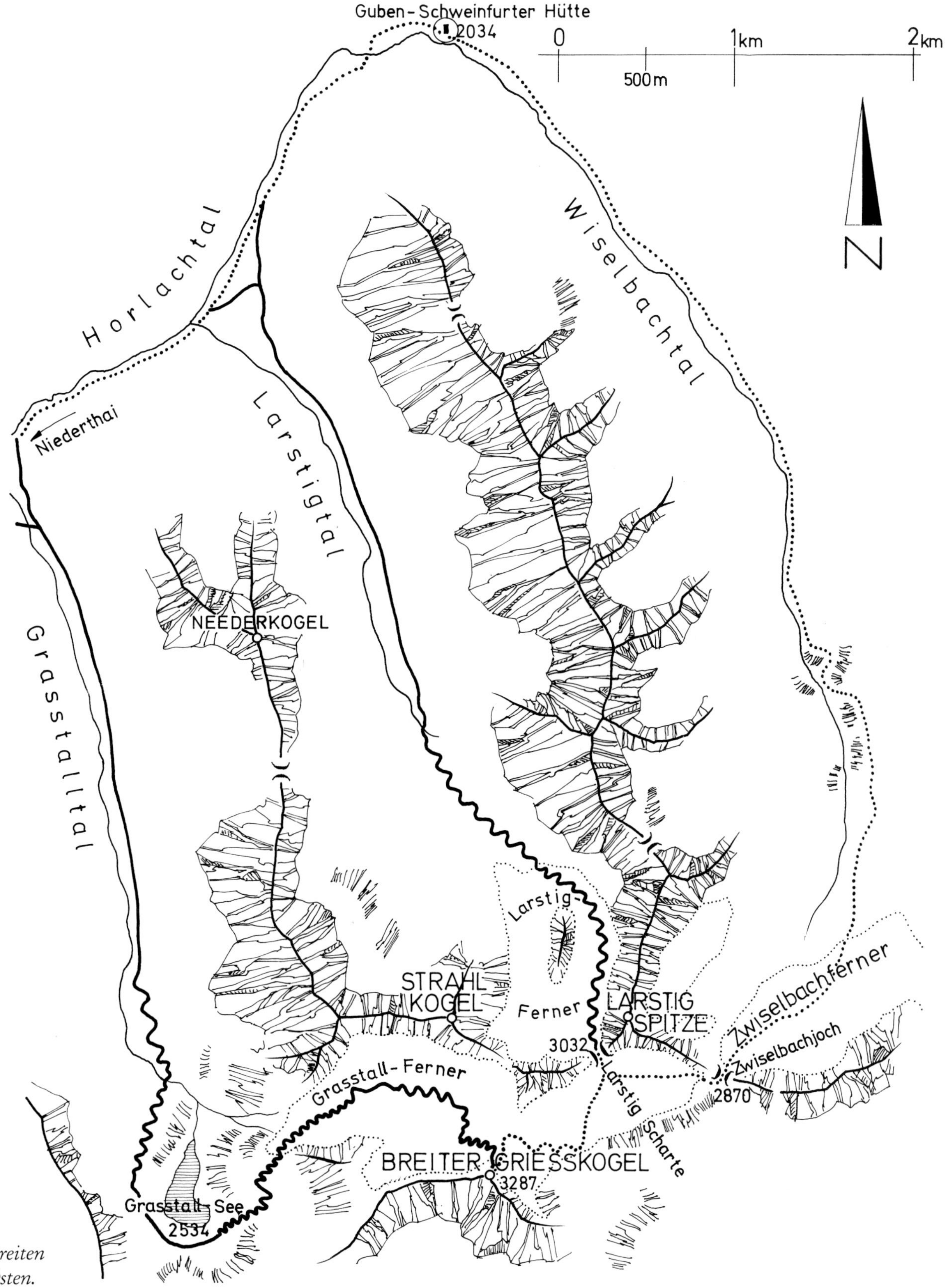

◁ *Gipfelaufbau des Breiten Grießkogels von Osten.*

12 Hoher First (3405 m)

Im hinteren Gurgler Tal, einer Verlängerung des Ötztals, bietet Obergurgl einen Liftzirkus einerseits, zahlreiche Tourenmöglichkeiten auf Dreitausender andererseits. Anstiege, die durch die hohe Lage des Talorts (1910 m) als Tagestouren unternommen werden können. Trotz dieser günstigen Voraussetzungen ist der Hohe First nicht überlaufen, dazu ist er zumindest an seiner Nordwestseite zu steil und anspruchsvoll.

Talort und Zufahrt: Obergurgl, 1910 m. Zufahrt durchs Ötztal (51 km von der Inntalautobahn).

Stützpunkt: Gasthäuser, Hotels und Pensionen im Ötz- und Gurgler Tal.

Beste Zeit: März – Mai.

Charakteristik: Nordwestseitig, meist mittelsteil, Nordwest-Abfahrt allerdings auf den ersten 200 Hm ca. 40° steil! Südgrat-Anstieg unschwierige Blockkletterei. 1500 Hm/5 Std.

Route: Von Obergurgl auf Pisten entlang eines Sessellifts südwärts zur Brücke beim Bruggboden, 2071 m. Über diese und (anfangs noch auf Pisten) auf der Südwest-Seite des Gaißbergbaches sanft ansteigend ins Tal des Gaißbergferners. Am Gletscher nach Südosten (ab 2800 m etwas steiler; Spalten!) in die sanfte Mulde zu Füßen der First-Südflanke und nach Osten ins Gaißbergjoch, 3237 m. Am Südostgrat zu Fuß in unschwieriger Blockkletterei zum Gipfel (falls Abfahrt über die Nordwestflanke nicht möglich, was vom Gletscher her erkennbar ist; Skidepot im Joch, sonst Ski mitnehmen).

Abfahrt: Wie Anstieg, oder (für sehr gute Skifahrer): über die anfangs rund 40° steile Nordwestflanke auf den Hochfirstferner hinab und diesen nahe seines Ost-Ufers bis ca. 2900 m abwärts und dann nach Westen zur Aufstiegsspur.

Karten: AV-Karte Blatt 30/1 Gurgl (1:25 000) – mit Skirouten.

Weitere Möglichkeiten von Obergurgl aus:

Granatenkogel, 3304 m; über die Nordwestflanke. Ähnlicher Charakter wie der Hohe First, nur noch steiler und schwieriger. 1400 Hm/4–5 Std.

Liebener Spitze, 3400 m; über den Nordwestsporn. Ebenfalls an manchen Stellen von beträchtlicher Steilheit (40 °); 1500 Hm/5 Std.

Hinterer Seelenkogel, 3472 m; sehr schön, aber über den teilweise stark zerrissenen Wasserfallferner; 1550 Hm/5 Std.

Manigenbachkogel, 3313 m; auf der Nordwestseite des Tals; steile Ostseite früher Aufbruch! 1400 Hm/4–5 Std.

Zirmkogel, 3281 m; Charakter siehe Manigenbachkogel; 1400 Hm/4–5 Std.

Kirchenkogel, 3115 m; vielbegangene, steile Spritztour von der Bergstation des »Kirchenkarlifts« 400 Hm/1 ½ Std.

Vorderer Seelenkogel, 3290 m; von der Jausenstation »Schönwieshütte« (Lift) ins Rotmoostal; 1400 Hm/4 ½ Std. Bei Liftbenützung 350 Hm/1 Std. kürzer.

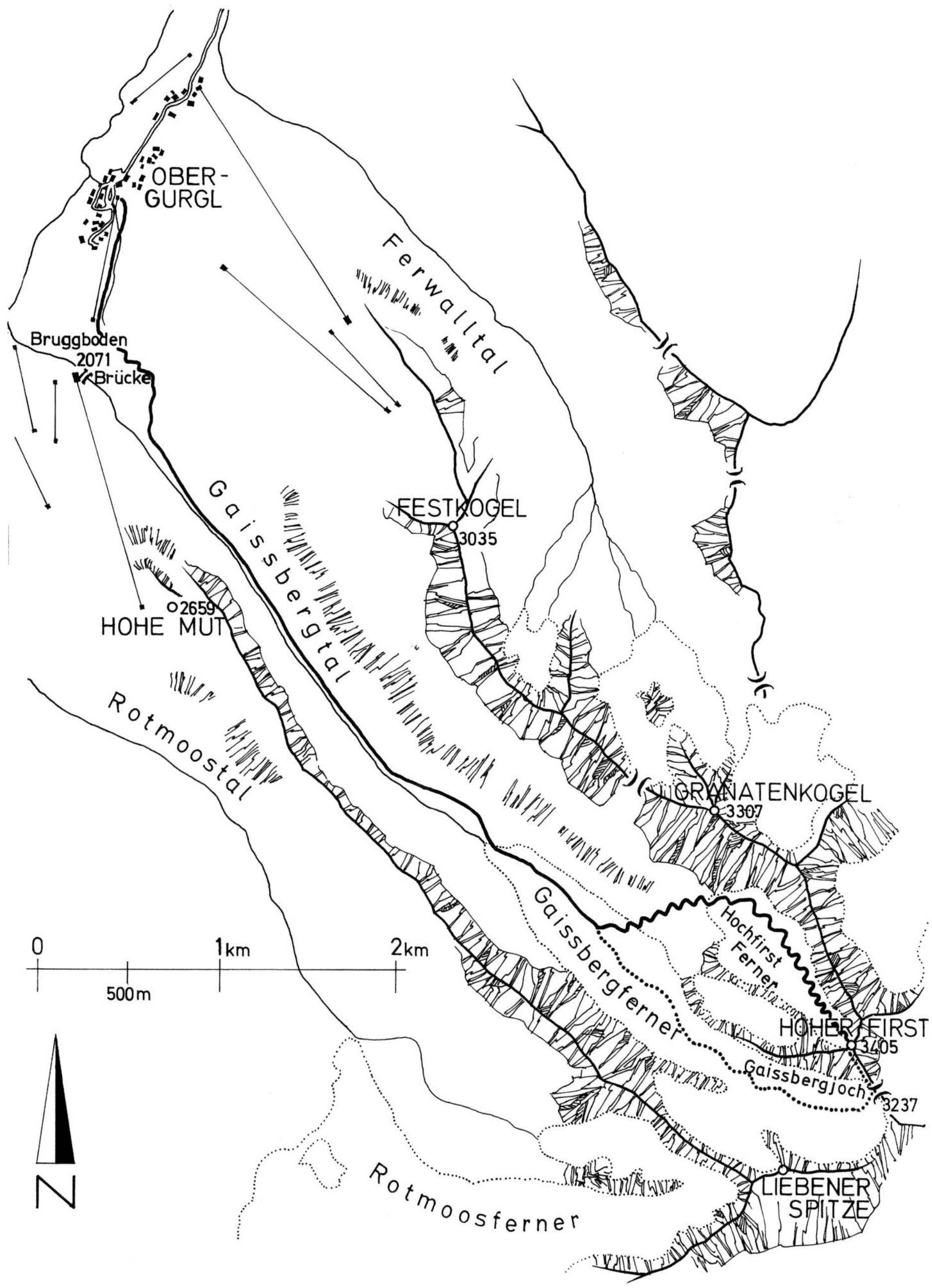

◁ *Liebener Spitze und Hoher First (links) von Nordwesten.*

Wassertalkogel (3247 m)

Der Skitourengeher assoziiert mit den Ötztaler Alpen zunächst weite Gletscherflächen und Klassiker wie Wildspitze, Similaun, Hohe Wilde. Der schroffe Geigenkamm zwischen Pitz- und Ötztal hingegen scheint dem Sommerbergsteiger vorbehalten, was zum Großteil ja auch stimmt. Skitouren im Geigenkamm gehören zum Einsamsten, was man in den Österreichischen Zentralalpen unternehmen kann, und auch bei dieser Tour findet man wieder den extremen Kontrast: Aus dem hektischen Wirbel des Söldener Skizirkus' ins weltabgeschiedene Pollestal. Die Biwakmöglichkeit am Gipfel im Kunststoff-Oktogon des Rheinland-Pfalz-Biwaks gibt der Tour eine zusätzliche romantische Würze.

Talort und Zufahrt: Sölden im Ötztal, 1362 m.

Stützpunkt: Zahlreiche Privatquartiere im Ötztal. Nicht zu vergessen: Das Rheinland-Pfalz-Biwak am Gipfel des Wassertalkogels.

Beste Zeit: April/Mai.

Charakteristik: Mit Hilfe des Lifts verkürzter Anstieg (1000 Hm) mit Riesenabfahrt (2000–2600 Hm, je nach Schneelage). Ostexponiert (das Biwak am Gipfel drängt sich geradezu auf!). Nicht nach Neuschnee und/oder starker Erwärmung.

Route: Mit den Hochsöldener Liften bis 80 Hm unter die Rotkogelhütte, 2658 m. Zu dieser hinauf und von der Hütte südwestwärts querend mit möglichst geringem Höhenverlust unter den Felsen des Schwarzseekogels vorbei auf die Mautstraße zum Rettenbachferner (erst ab Mai befahrbar). Die Straße weiter bis zum Parkplatz an ihrem Ende, (ab Mai bis hierher

Aus dem Trubel der Pistentiger in die Einsamkeit…

mit Kfz). Westwärts hinaus, zuletzt sehr steil in die Scharte östlich des Polleskogels (ca. 3000 m). Nun in weit nach Osten ausholendem Bogen ins Pollestal abfahren, bis bei 2400 m von links zwei Gräben herabziehen. (Hierher auch in direkter Abfahrt in Rechts-links-Schleife vom Haimbachjochlift. Sehr steil, nur bei astreinen Verhältnissen!) Der nördliche der beiden Gräben (»Silberbach«) dient nun als Aufstieg. Westwärts bis auf 2800 m, an den Fuß eines massigen Felssporns, der vom Puitkogel herabkommt. Nun weiter nach Südwesten unter dem Sonnenkogel-Ostgrat vorbei in die Scharte zwischen Sonnen- und Wassertalkogel (ca. 3100 m). Über den meist abgeblasenen, aber harmlosen Schuttrücken nach Süden zum Gipfel.

Abfahrt: Wie beim Aufstieg zurück ins Pollestal und dieses, das zunehmend enger wird, talaus nach Huben im Ötztal, 1194 m. Bevor der Pollesbach bei ca. 1500 m in eine Klamm stürzt, verläßt man das Tal am Sommerweg nach links über einen Sattel (leicht zu finden).

Karten: AV-Karte Blatt 30/3 Ötztaler Alpen – Kaunergrat (1:25 000)
ÖK Blatt 173 Sölden (1:50 000)
Blatt 146 Oetz.

Weitere Möglichkeiten im Pollestal:
Hohe Geige, 3395 m; glatt 2000 Hm, durchwegs steil, die letzten 100 Hm 40°; gewaltige Tour für absolute Könner und Konditionsriesen; kompromißlose Einsamkeit.

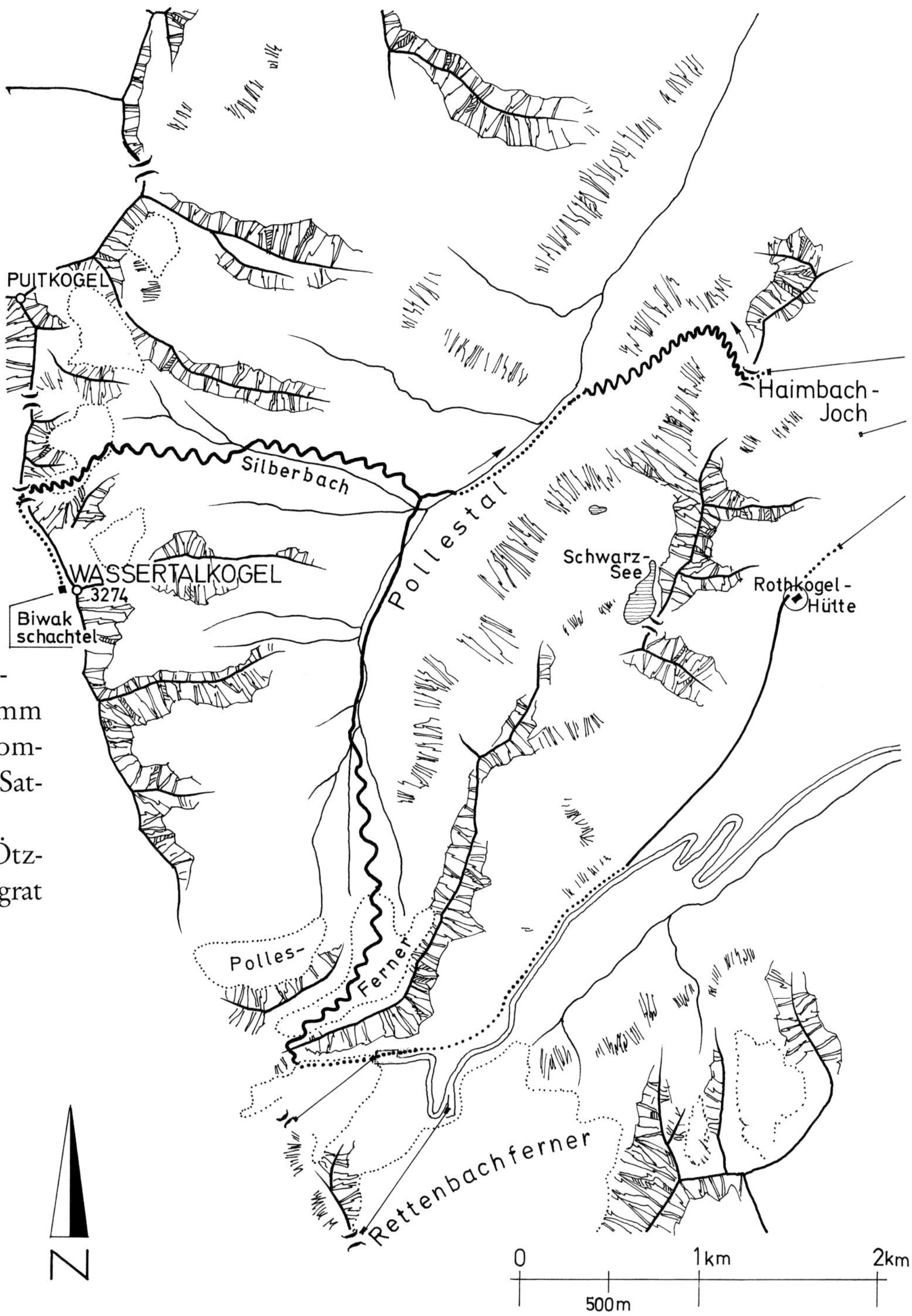

14 Dreiherrenspitze (3498 m)

Man sollte mit dem Prädikat »Geheimtip« zwar äußerst sparsam umgehen, aber beim Südtiroler Ahrntal kann es ausnahmsweise gewagt werden. Dieses wird auf absehbare Zeit wahrscheinlich eines der einsamsten Gebiete der Alpen bleiben. Erstens zieht es Skibergsteiger aus deutschen Landen eher in die Dolomiten, wenn sie sich schon mal südlich des Alpenhauptkamms herumtreiben. Zweitens sind die Berge, die das Tal einrahmen, alles andere als gemütliche Wiesenbummel: unter 1500 Hm gibt es kaum eine Tour. Und drittens verteilt sich alles auf das Überangebot zahlreicher Möglichkeiten. Der Anstieg von Nordwesten auf die Dreiherrenspitze ist eine monströse Gewalttour westalpinen Ausmaßes. 1900 Hm, 6 km Anmarsch, steile, spaltenreiche Gletscher: für Könner ein ernstzunehmender Prüfstein.

Talort und Zufahrt: Steinhaus, 1050 m, im Ahrntal. Straße von hier bis Kasern, 1571 m, befahrbar. Zufahrt von Bruneck im Pustertal durchs Tauferer Tal (30 km von Bruneck nach Steinhaus, weitere 13 km bis Kasern).

Stützpunkt: Zahlreiche gemütliche Gasthöfe im touristischen Abseits des Ahrntals.

Beste Zeit: April – Juni

Charakteristik: Ernste, sehr anspruchsvolle Hochtour in strenger Umgebung, größten Westalpentouren ebenbürtig. Spaltenreich und steil (100 Hm gut 40°). Nur für erfahrene Skibergsteiger mit bester Kondition.

1900 Hm/7–8 Std., nord- bis westseitig; Seil und Steigeisen unerläßlich.

Route: Von Kasern (bis hierher geräumt; bei Ausaperung kann 2 km weiter bis Trinkstein gefahren werden) sehr flach (im Winter Loipen) talein 6 km bis zur Lahner Alm, 1983 m. Nun nach Südosten aufs Äußere Lahnerkees, anfangs nahe seines nordöstlichen Randes bis ca. 2700 m. Nun ostwärts auf die stei-

le Verengung des Gletschers zu. Steilstufe um 3200 m – gut 40 ° auf 100 Hm. Diese Stufe kann nicht immer mit Ski begangen werden (manchmal blankgeblasen, dann Steigeisen erforderlich). Nach der Stufe auf die Südwestschulter und links des hier ansetzenden Firngrates zum Gipfel.

Abfahrt: Wie Anstieg.

Karten: AV-Karte Blatt 35/3 Zillertaler Alpen/Ost (1:25 000) (auf der AV-Karte »Venediger« ist nur der obere Teil des Anstiegs zu sehen). ÖK Blatt 151 Krimml (1:50 000).
Italienische Karten haben nur Übersichtswert.

Weitere Tourenziele im Bereich des Ahrntalschlusses:

Ahrnerkopf, 3051 m; von Kasern/Heiligengeist ins Windtal; skitechnisch sehr schön; 1400 Hm/4–5 Std.

Rötspitze, 3495 m; gewaltig, ebenso toll wie die Dreiherrenspitze; nur bei guter Sicht, schwierige Wegsuche. 1900 Hm/6–7 Std. Winterraum der Lenkjöchlhütte (2588 m) vergammelt.

Merbjoch, 2828 m; 1350 Hm/4 Std. Einzige kürzere Tour auf der Südseite des Ahrntals. Von Prettau steil durch Wald zur Merbalm, dann über freie Hänge.

Rauchkofel, 3251 m; siehe Vorschlag Nr. 15.

Schientalkopf, 2774 m; von Trinkstein Richtung Krimmler Tauern und von Osten und Norden her zum Gipfel; 1200 Hm/3 ½ Std.

Dreiecker, 2892 m; von Heiliggeist bei Kasern; südseitig: 1300 Hm/3 ½ Std.

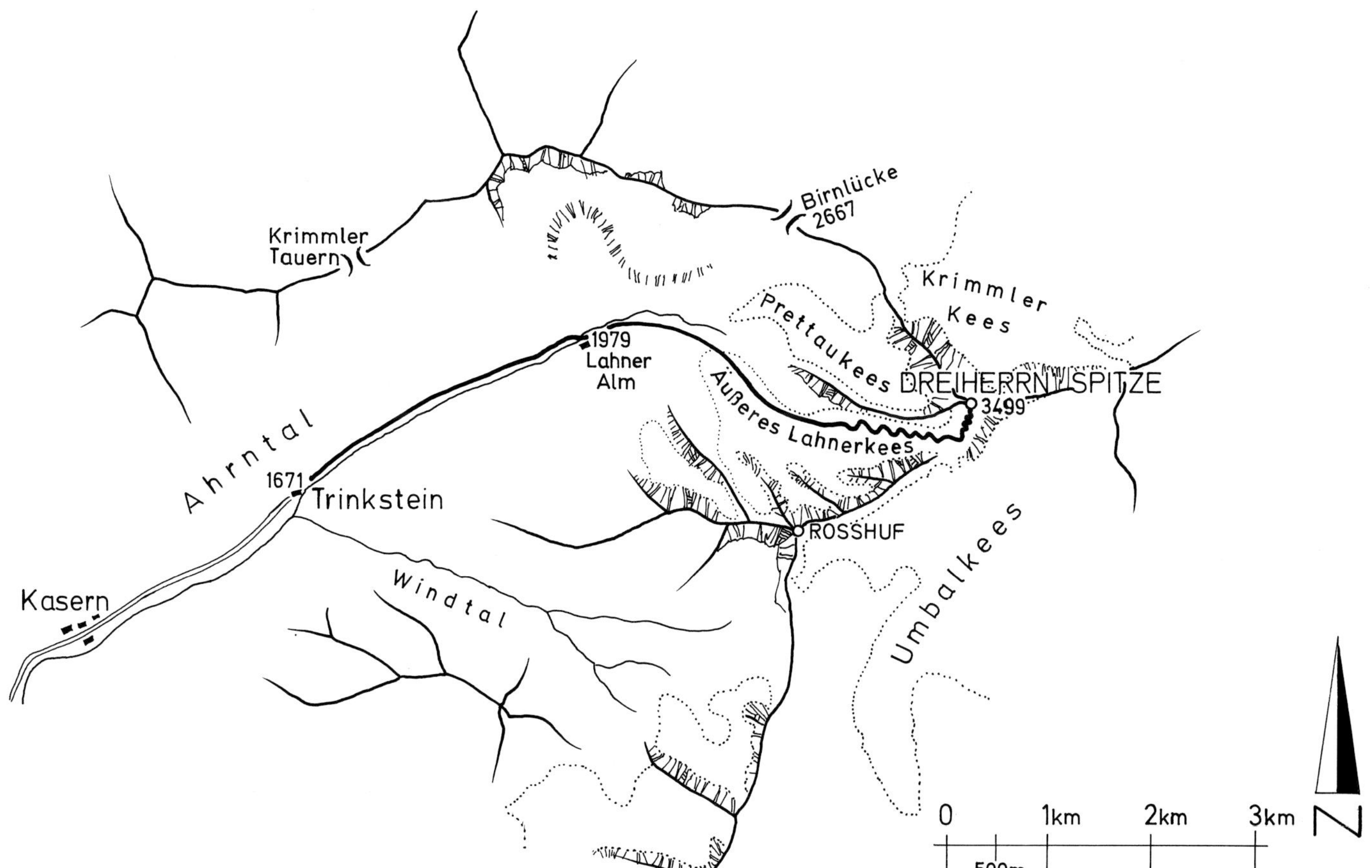

◁ *Dreiherrenspitze mit Warnsdorfer Hütte.*

15 Rauchkofel (3252 m)

Der Rauchkofel im österreichisch-italienischen Grenzkamm ist der formschönste Gipfel der östlichen Zillertaler Alpen und zeigt sich von allen Seiten als elegante, schlanke Pyramide. Südexponierter Anstieg, ideal bei Firn.

Talort und Zufahrt: Prettau, 1460 m; 10 km östlich von Steinhaus, siehe Vorschlag Nr. 14.

Stützpunkt: Gasthöfe im Ahrntal.

Beste Zeit: März/April.

Charakteristik: Anfangs steiler Waldgürtel mit Forststraße, dann freie Hänge, oberster Teil steil und felsdurchsetzt. 1800 Hm/5–6 Std. Südseitig.

Route: Kurz vor dem Kirchlein in Prettau (Gasthaus Wieser) zweigt links eine Forststraße ab, die den Waldgürtel über'm Talboden in drei kurzen und einer riesigen Kehre überwindet. Auf ca. 1950 m wechselt man vom Wald in freies Gelände. Nach Westen zur Waldner Alm, 2065 m, und nordwestwärts zum Waldnersee, 2330 m. Nun erst nach Norden, dann Nordosten auf der sich nach oben zuspitzenden Südwestflanke des Rauchkofels bis an den felsigen Gipfelaufbau. Je nach Schneelage bei ca. 3100 m Skidepot. Über den Südgrat in leichter Blockkletterei zum Gipfel.

Abfahrt: Wie Anstieg. Bei günstigen Verhältnissen kann bei ca. 3000 m links in die steile Südostflanke eingefahren werden (direkter und schöner).

Karten: AV-Karte Blatt 35/3 Zillertaler Alpen/Ost (1:25 000)
ÖK Blatt 150 Zell am Ziller (1:50 000)
Blatt 151 Krimml.

Weitere Möglichkeiten: Siehe Vorschlag Nr. 14.

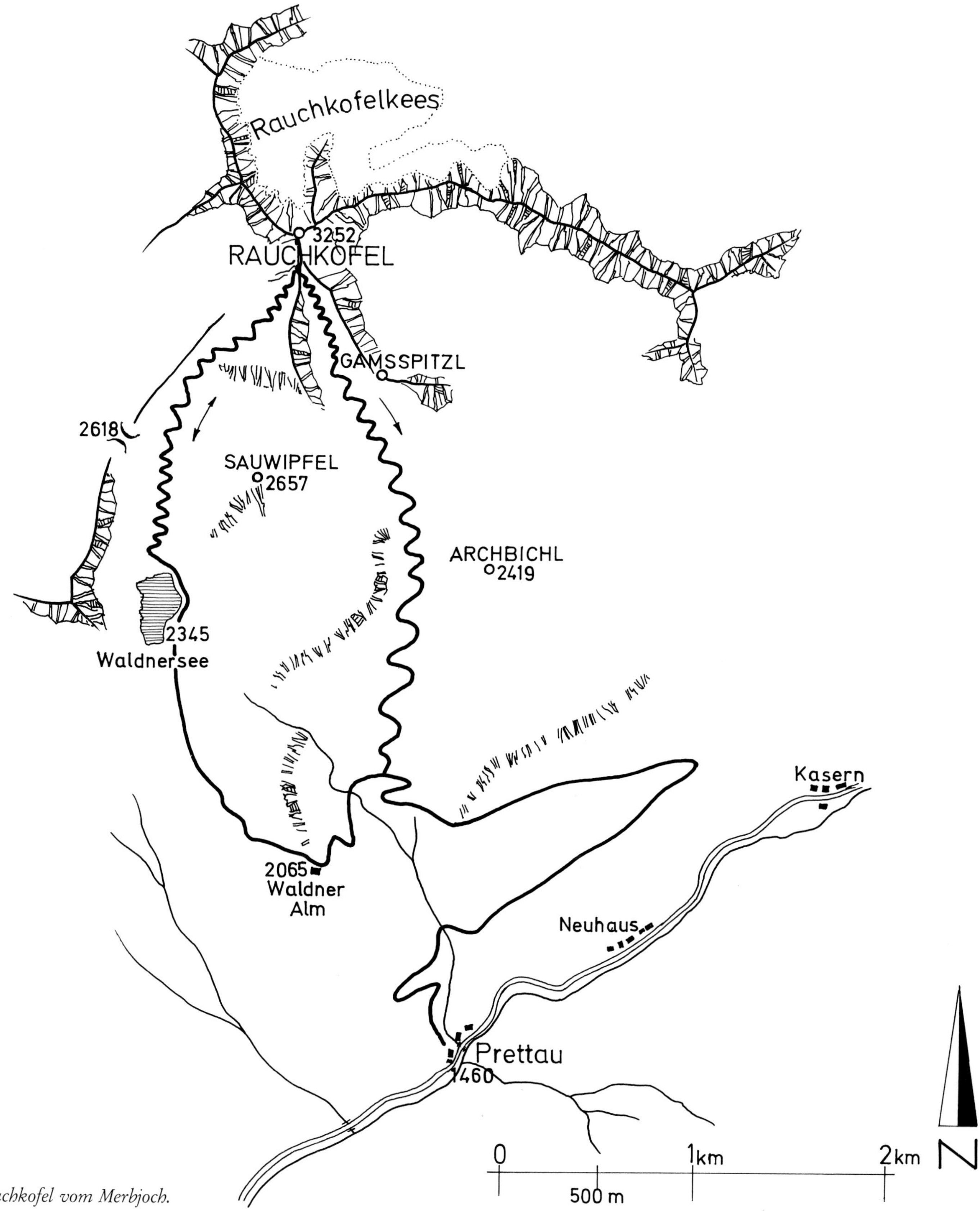

◁ *Rauchkofel vom Merbjoch.*

16 Fünfte Hornspitze (3146 m)

Von den fünf Hornspitzen im Zillertaler Grenzkamm findet nur die dritte (»Berlinerspitze«) einigermaßen Beachtung. Sie wird von der österreichischen Seite, von Norden also, relativ häufig bestiegen, auch mit Ski. Die anderen vier fristen seit eh und je ein Schattendasein. An Bergen, die man nur numeriert, statt sie zu benennen, kann ja nichts Besonderes dran sein! (Ausnahme: der K 2.) Die 5. Hornspitze von Süden aus dem Weißenbachtal bietet über 1700 Hm, alles, was des Skitouristen Herz höher schlagen läßt, nur eben eines nicht: einen großen, klingenden Namen. Man war «nur» auf der 5. und letzten der Hornspitzen.

Talort und Zufahrt: Weißenbach, 1334 m; in einem kleinen Seitenast des Ahrntals gelegen. Zufahrt aus diesem (siehe Vorschlag Nr. 14), in Luttach abzweigen und 4 km nach Weißenbach, von dort noch 2 km weiter ins Trattenbachtal. Straße bis Althaus, 1440 m, befahrbar.

Stützpunkt: Gasthöfe im Ahrn- und Tauferer-Tal.

Beste Zeit: März/April.

Charakteristik: Lang und anstrengend, aber weitgehend unschwierig. Auch bei zweifelhaften Verhältnissen machbar.

1700 Hm/5 Std. Südseitig, am besten bei Firn.

Route: Von Althaus, 1440 m, entlang einer Forststraße (Kehren nur bei hoher Schneelage abkürzen) zur Tratter-Alm, 1852 m, und weiter neben der Straße nach Westen zu einem Kirchlein mitten im Schnee, 2027 m. Nun durch eine weite Senke nach Norden auf den flachen Moosboden (ca. 2300 m). Weiter nordwärts wieder steiler aufs Trattenbachkees und problemlos über weite Hänge zum felsigen Gipfelaufbau. Skidepot 50 m unter dem Gipfel. Über Schutt und Blöcke leicht zum Vorgipfel.

Abfahrt: Wie Anstieg. Vom Moosboden direkt nach Südosten (schöner) zur Tratter-Alm.

Karten: AV-Karte Blatt 35/2 Zillertaler Alpen/Mitte (1:25 000) – nur oberer Teil ab Moosboden
Südtiroler Wanderkette (1:25 000) (Mapgraphic Bozen) Nr. 16 Ahrntaler Berge.

Weitere Möglichkeiten:

Großer Löffler, 3376 m; 2100 Hm/7 Std. Südostseitige Hänge von idealer Steilheit. Gipfelgrat Kletterei im II. Grad.

Keilbachspitze, 3043 m; 1800 Hm/6 Std. Dem Löffler ähnlich; gleicher Ausgangspunkt (Frankenbauer über Mühleck).

Wollbachspitze, 3210 m; 1800 Hm/6 Std.

Das Kirchlein auf der Göge-Alm im Anstieg zur 5. Hornspitze.

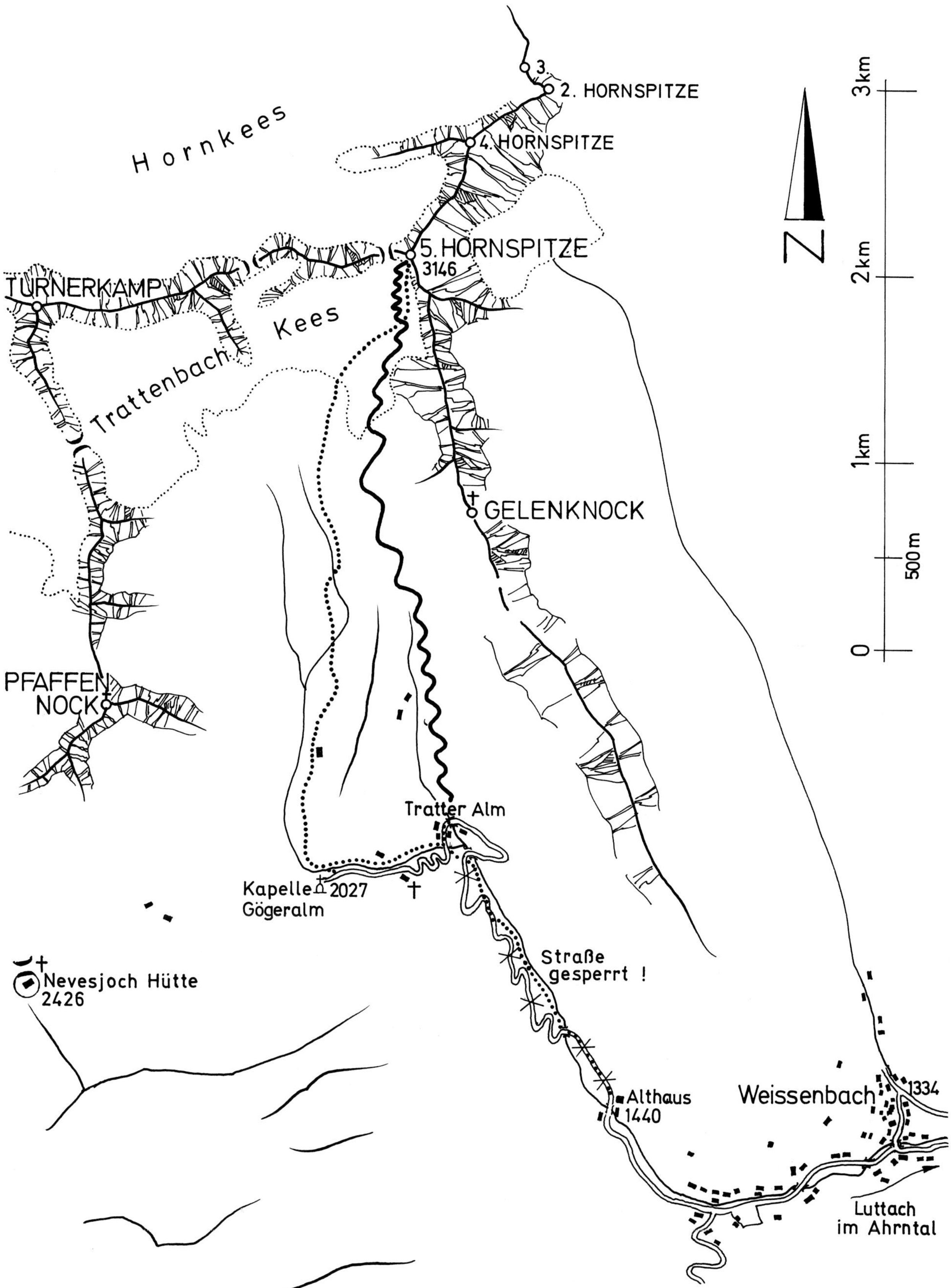
3.
2. HORNSPITZE
Hornkees
4. HORNSPITZE
5. HORNSPITZE
3146
TURNERKAMP
Trattenbach Kees
GELENKNOCK
PFAFFEN NOCK
Tratter Alm
Kapelle 2027
Gögeralm
Straße gesperrt !
Nevesjoch Hütte
2426
Althaus
1440
Weissenbach
1334
Luttach im Ahrntal
N
3km
2km
1km
500m
0

17 Botzer (3251 m)

Die Stubaier und die Ötztaler Alpen gehören auf der österreichischen Seite zu den am stärksten frequentierten und beliebtesten Regionen der Alpen. Jenseits der Grenze, südlich des Alpen-Hauptkammes ändert sich das schlagartig: Abgeschiedenheit und oftmals kompromißlose Einsamkeit zeichnen weite Teile der Gletscherberge Südtirols aus. Das mag einerseits verkehrstechnische Gründe haben, kann andererseits aber auch an Modetrends liegen. Der Botzer bietet nicht unbedingt eine Tour, die alte Skitourenhasen vom Hocker reißt, er soll hier aber stellvertretend für die »stille Seite« der zentralen Ostalpen stehen.

Talort und Zufahrt: Moos in Passeier, 1012 m.

Zufahrt: Solange die Straßen über Jaufenpaß und Timmelsjoch noch gesperrt sind (Öffnung je nach Schneelage meist im Laufe des Mai), von Norden her recht umständlich: entweder über Reschenpaß – Meran oder Brenner – Bozen – Meran.

Stützpunkt: Gasthaus Saltnuss und Pension Schneeberg, 1618 m, an der Südrampe des Timmelsjochs und auch vor dessen Öffnung mit Kfz erreichbar.

Beste Zeit: April/Mai.

Charakteristik: Etwas inhomogenes Hintereinander einer flachen und einer steilen Hälfte. Westseitig, erst flach, zuletzt steil; 1450 Hm/5 Std. von der Schönauer-Alm.

Route: Vom Gasthaus Saltnuss auf der Timmelsjochstraße zur Schönauer-Alm, 1780 m (meist auch noch mit Kfz möglich). Hier nach Norden (nicht in der Schlucht, sondern östlich davon auf dem Sommerweg) zur Timmelsalm, 1979 m, und über die reichgegliederte, flachbuckelige Almlandschaft im allgemei-

nen nach Nordosten (nicht im Bachgrund bleiben, sondern öfter rechts ausweichen) an den Fuß des Südgrats der Königshofspitze, ca. 2600 m. Nun deutlich steiler erst nach Norden, auf die Botzerscharte zu und noch vor dieser nach Osten über den steilen Gletscher zum Fuß des kurzen Nordgrats. Über diesen zu Fuß unschwierig zum Gipfel.

Abfahrt: Wie Anstieg.

Karten: AV-Karte Blatt 31/1 Hochstubai
ÖK Blatt 174 Timmelsjoch (1:50 000).

Weitere Tourenmöglichkeiten in der Region:
Draunsberg, 2776 m; 1100 Hm/4 Std.; gehört schon zu den Ötztaler Alpen.
Hinterer Kitzkogel, 3059 m; 1300 Hm/4 Std.
Schwarzwandspitze, 3353 m; 1600 Hm/6 Std.
Schwarzseespitze, 2988 m; 1350 Hm/4 Std. Sehr schöner Anstieg über das verlassene Bleibergwerk Santa Maria am Schneeberg.
Hohe Kreuzspitze, 2742 m; 1100 Hm/4 Std. Etwas häufiger begangen.
Hütter Berg, 2422 m; 800 Hm/2½ Std. Spritztour durch steilen Lärchenwald.

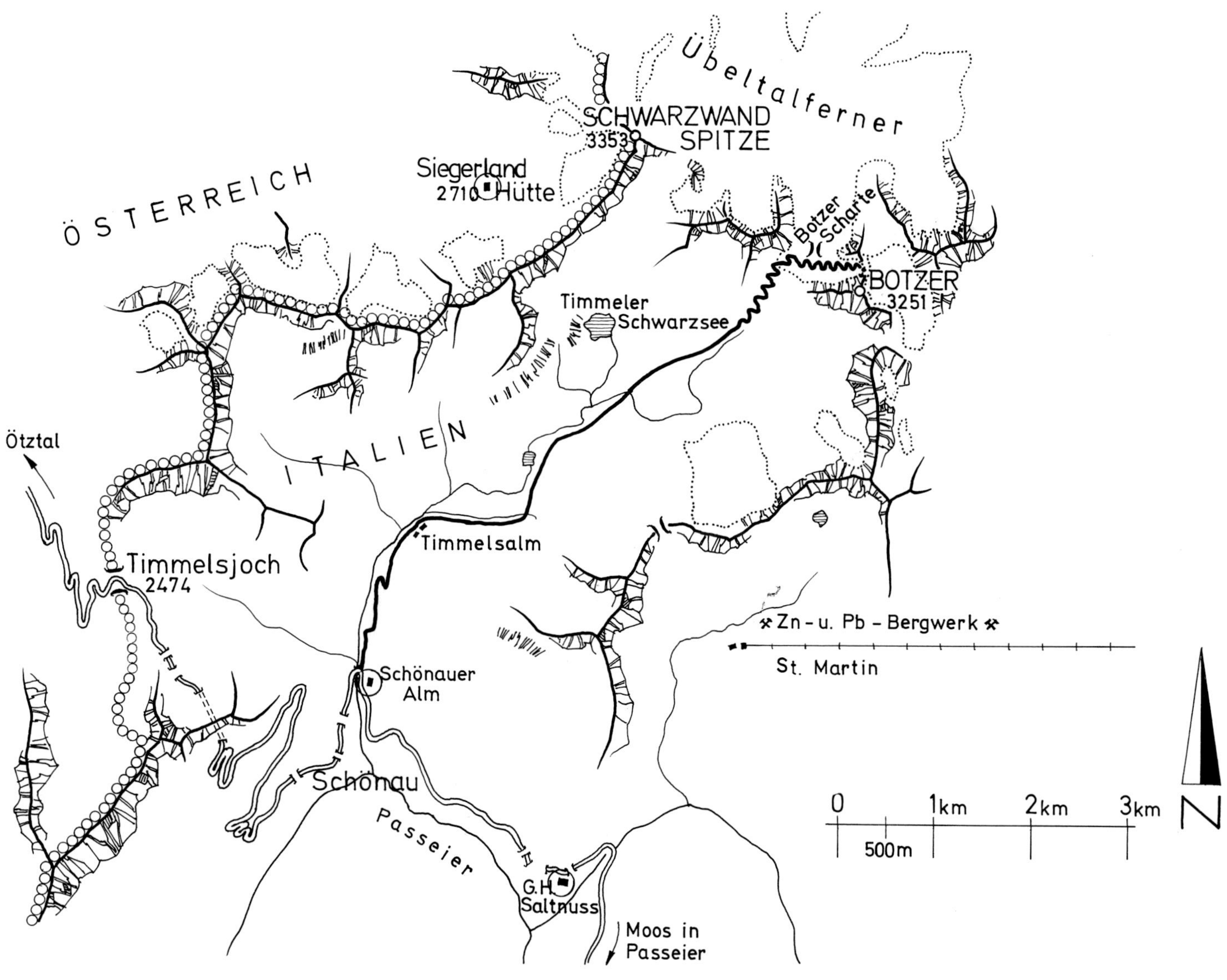

18 Weißkugel (3739 m)

Nicht der höchste, aber der vielleicht schönste Berg der Ötztaler Alpen. Weder Geheimtip noch besonders einsam, aber im Vergleich zu anderen Ötztaler Klassikern noch relativ ruhig. Eine ungemein abwechslungsreiche Runde: Aufstieg über den Langtauferer Ferner, Abfahrt entlang des Nordsporns. Ausgangs- und Endpunkt ist die Weißkugelhütte.

Talort und Zufahrt: Melag, 1919 m, im Langtauferer Tal. Zufahrt vom Stausee südlich des Reschenpasses (10 km).

Stützpunkt: Weißkugelhütte, 2544 m, CAI. In der Tourenzeit nur gelegentlich bewirtschaftet. Der Hüttenwart ist auch Wirt des Gasthauses Weißkugel kurz vor Melag. Dort Auskunft (Tel.: 04 73/8 31 57).

Beste Zeit: März - Mai

Charakteristik: Nicht allzu schwierige Hochtour. Die letzten Meter leichte Kletterei, teilweise gesichert. Bei schlechter Sicht sollte auf dem Anstiegsweg abgefahren werden. 1200 Hm/4-5 Std.

Zugang zur Hütte: 600 Hm/2 ½ Std.

Von Melag erst flach, dann sanft ansteigend im Talgrund bis 2400 m und links durch eine Bresche im Moränenhang zur Hütte.

Route: Die Terrasse, auf der die Hütte steht, dient die ersten Minuten als Anstieg, bis bei 2620 m ein sanfter Übergang auf den Langtauferer Ferner möglich ist. Nun in weitausholendem Bogen stets nahe seiner östlichen Begrenzung unter der Westwand der Langtauferer Spitze entlang bis ins Weißkugeljoch, 3362 m. Vom Joch südwärts (Spalten) über einen Absatz im Weißkugel-Südostgrat hinweg und weiter nach Südwesten ins Hintereis-Joch, 3471 m. Über den Südgrat zum Gipfel. (Die letzten Meter leichte Blockkletterei mit Sicherungen.)

Abfahrt: Zurück zum Hintereisjoch, erst horizontal, dann leicht ansteigend unter der Westwand der Weißkugel entlang in den Sattel (3531 m) zwischen dieser und dem Inneren Bärenbartkogel. Nun Abfahrt in der schönen Mulde unter der Weißkugel-Nordwestwand bis 3200 m. Der hier beginnenden Bruchzone weicht man links (westl.) aus, indem man knapp unter dem Felssporn, der vom Bärenbartkogel herabkommt, vorbeiquert. Nun über den breiten Rücken auf den Schotterbuckel P. 2958 zu und in gerader Steilabfahrt auf den flachen Gletscherboden. (Bei geringer Schneelage muß 50 Hm über dem Gletscher nach Westen hinausgequert werden. Es empfiehlt sich, morgens beim Aufstieg diese Passage zu studieren.) Nun in kurzem Aufstieg zur Hütte oder problemlos talaus nach Melag.

Karten: AV-Karte Blatt 30/2 Ötztaler Alpen/Weißkugel (1:25 000)
ÖK Blatt 172 Weißkugel (1:50 000).

Weitere Möglichkeiten im Langtauferer Tal:
Roter Knopf, 3244 m; 1300 Hm/4 Std. Von Melag.
Freibrunner Spitze, 3366 m; 1450 Hm/4-5 Std. Von Melag.
Äußerer Bärenbartkogel, 3473 m; 1100 Hm/3 ½ Std. Von der Hütte über den Bärenbartferner. Abfahrt über Freibrunner Ferner.
Langtauferer Spitze, 3529 m; kann beim Weißkugel-Aufstieg mitgenommen werden (½ Std. vom Weißkugeljoch).

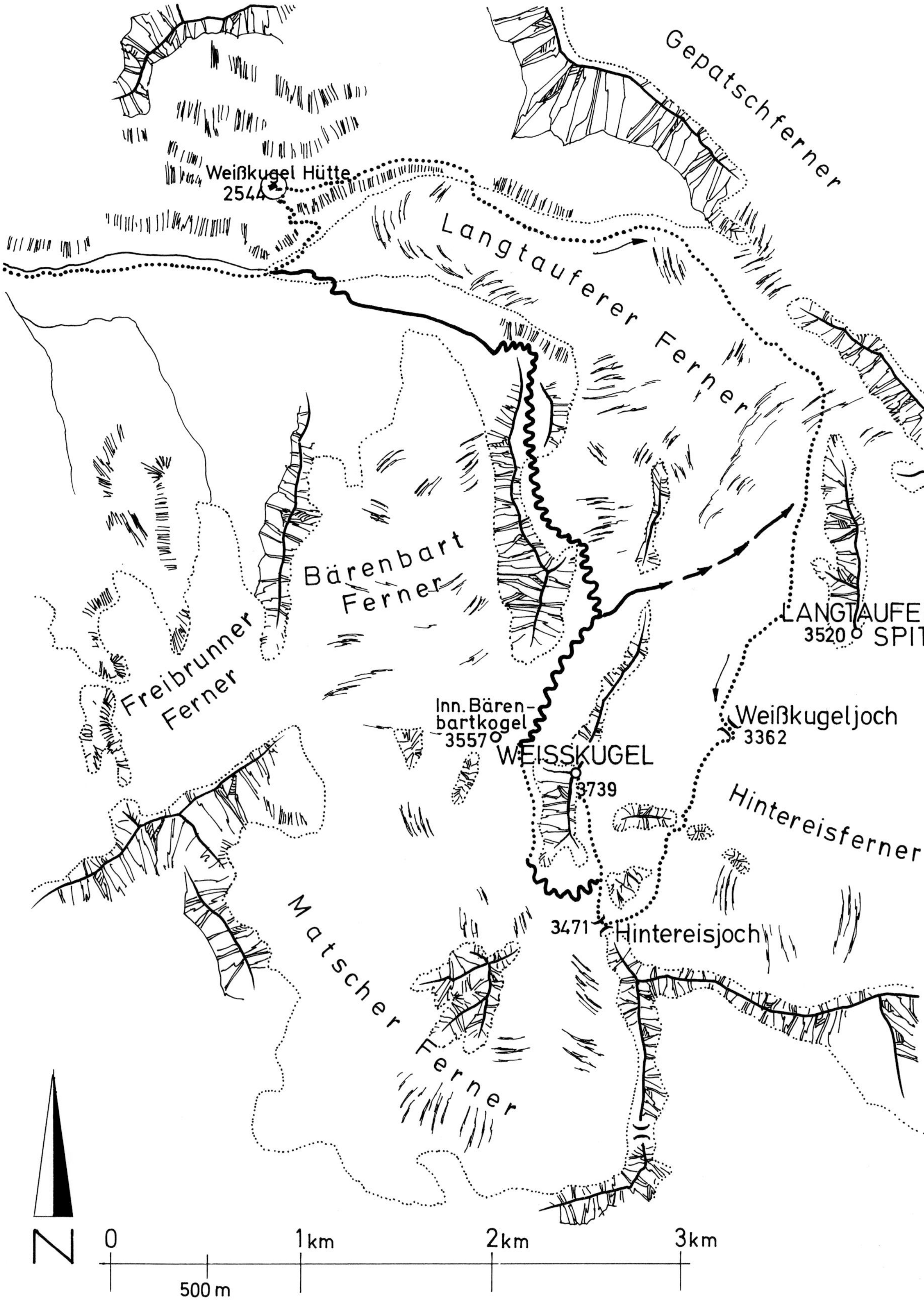
Gepatschferner
Weißkugel Hütte
2544
Langtauferer Ferner
Bärenbart Ferner
Freibrunner Ferner
Inn. Bärenbartkogel
3557
WEISSKUGEL
3739
LANGTAUFERER SPITZE
3520
Weißkugeljoch
3362
Hintereisferner
3471
Hintereisjoch
Matscher Ferner
N
0
1 km
2 km
3 km
500 m

19 Punta San Matteo (3684 m)

Es ist aus deutscher Sicht nur allzu verständlich, wenn mit »Ortlergruppe« automatisch das Dreigestirn des Suldentals, Ortler - Zebrù - Königspitze, gemeint ist. Daß die Ortleralpen nicht nur aus diesen drei Bergen bestehen, ist vielleicht am besten durch die Tatsache ins Bewußtsein gerufen, daß sich an der Westseite des Gebirges der größte Gletscher der Ostalpen befindet: der Fornogletscher, mit 20 km² größer als Gepatschferner oder Morteratschgletscher.

Das Rifugio Branca im hintersten Val di Forno ist zentraler Stützpunkt für die Berge, die diesen Gletscher umrahmen, für den Skibergsteiger das ergiebigste Gebiet der Ortlergruppe. Die Westseite ist (aus deutscher Sicht) umständlicher zu erreichen als die berühmte Nordseite: mit ein Grund für die geringere Besucherzahl.

Talort und Zufahrt: Santa Caterina Valfurva, 1734 m; 13 km von Bormio. Zufahrt über St. Moritz - Berninapaß - Bormio. Für die kürzeren Möglichkeiten besteht bis Juni Wintersperre (Stilfser-, Wormserjoch; Gaviapaß).

Stützpunkt: Rif. Cesare Branca, 2493 m, CAI; März/April bewirtschaftet, sonst offener Winterraum.

Von Sta. Caterina je nach Ausaperung noch mit Kfz das Val dei Forni aufwärts bis zur Baita dei Forni (Parkplatz). Von dort nach Osten entlang der nördlichen Seitenmoräne des Tals zur Hütte.

Beste Zeit: März/April.

Charakteristik: Hochalpine Tour über teils steile, spaltenreiche Gletscher in großartiger Umrahmung. 1200 Hm/4–5 Std. Nord- bis ostseitig.

Route: Von der Hütte zum kleinen Lago Rosole und vor P. 2760 auf den Gletscher hinab. Nach Süden weiter Richtung Bärenpaß und vor der letzten Bruchzone unterm Bärenpaß rechts (südwestwärts) ab, um die ebene Gletscherterrasse, die von der Punta San Matteo nach Nordosten zieht, zu gewinnen (steil, zahlreiche Spalten). Zuletzt flach über das Plateau zum Gipfel.

Abfahrt: Wie Anstieg. Man kann auch (sehr lohnend) den S-förmig geschwungenen Sporn, der die Nordflanke der Punta San Matteo östlich begrenzt, zur Abfahrt benützen, aber nur nach eingehenden optischen Studien während des Aufstiegs.

Karten: Skikarte Ortlergruppe, Bergverlag Rudolf Rother (1:50000).

Weitere Skiziele von der Brancahütte:

Pizzo Tresero, 3594 m; 1100 Hm/4–5 Std.

Punta Pedranzini, 3599 m; 1100 Hm/4–5 Std. Beide Touren sind im Charakter der Punta San Matteo sehr ähnlich.

Punta Cadini, 3524 m; 1000 Hm/4 Std.

Monte Vioz, 3645 m; 1150 Hm/5 Std.

Palon della Mare, 3708 m; 1200 Hm/5 Std.

Monte Pasquale, 3553 m; 1050 Hm/3–4 Std. Hervorragender Aussichtsberg.

◁ *Der Mond über dem Gipfel der Punta San Matteo.*

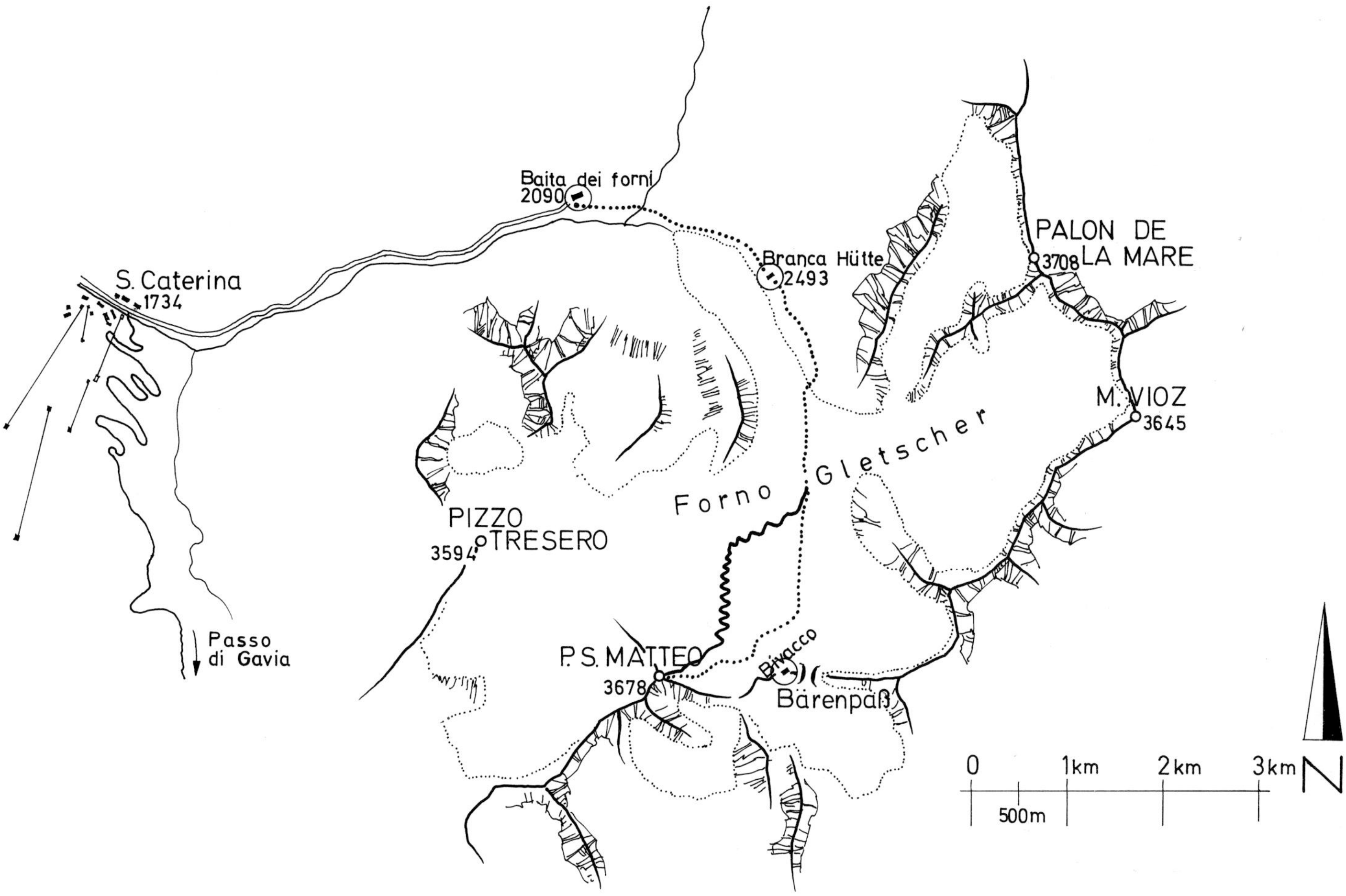

20 Adamello (3554 m)

Das 3040 m hoch gelegene Rifugio Lobbia ist sozusagen das Herz der Adamellogruppe. Da sie mit Lifthilfe schnell erreichbar ist, gehört sie nicht gerade zum Einsamsten. Zudem handelt es sich bei den Gipfeln um den Mandrone-Gletscher durchwegs um flache, einfache Anstiege. Diese biederen Bummeltouren lohnen die weite Anreise aus dem hohen Norden nicht unbedingt, es gäbe Gleichartiges links und rechts am Weg zuhauf. Wer aber trotzdem einmal eine neue, »exotische« Gebirgsgruppe kennenlernen möchte, dem seien als zusätzlicher Anreiz zwei sehr schöne Abfahrtsmöglichkeiten nach Norden und Osten empfohlen. Die Nordabfahrt hat den Vorteil, daß man nicht weit vom eigenen PKW das Tal erreicht, die Ostvariante hingegen verspricht trotz des sonst üblichen Adamello-Rummels große Einsamkeit.

Talort und Zufahrt: Passo Tonale, 1883 m. Zufahrt über Bozen und Mendelpaß, oder von Westen über St. Moritz - Berninapaß - Passo d'Aprica.

Stützpunkt: Rifugio Lobbia (auch Rif. ai Caduti d'Adamello), 3040 m, CAI, Ostern bis Mai bewirtschaftet, sonst offener Winterraum. Auskunft: Hüttenwirt Martino Zani, Tel.: 03 64/9 41 64.

Zugang: Mit Seilbahn, Korb- und Schlepplift zum Passo Presena, 2997 m. Vom Paß nach Südwesten abwärts, links am Lago Scuro vorbei zum Lago Mandrone, 2403 m. (Östl. das Rif. Mandrone, in der Tourenzeit bewirtschaftet, sonst offener Winterraum). Vom See einer schwach ausgeprägten Rampe nach Süden folgend auf den Mandronegletscher und an seinem westlichen Ufer bis 2700 m, dann nach Südosten Richtung Passo della Lobbia Alta. Links vom Paß die Hütte. 600 Hm, 3 Std. vom Passo Presena.

Beste Zeit: März - Mai.

Charakteristik: Aufstieg über flache und etwas monotone Gletscher. Abfahrten ins Tal jedoch sehr zügig und lohnend.

Aufstieg 550 Hm/3 Std. Abfahrt je nach Schneelage bis zu 2200 Hm.

Route: Von der Hütte erst nach Südwesten, dann Westen sehr flach über den ebenen Teil des Mandrone-Gletschers (»Pian di Neve«) auf den felsigen Gipfelaufbau des Adamello zu. Das letzte Stück am Ostgrat meist zu Fuß (harmlose Blockkletterei).

Abfahrt: Am Anstiegsweg zurück zur Hütte.

Abfahrt ins Tal:

1) Über den Passo Venezia nach Norden:

Von der Hütte westwärts über den flachen Gletscher aufs Corno Bianco zu und in nach Westen ausholendem Bogen auf den Passo Venezia, 3226 m. Hierher auch direkt von der Adamello-Abfahrt südlich ums Corno Bianco herum. Vom Paß nach Norden abwärts, eine Bruchzone bei 3000 m rechts umfahrend, zur Zunge des Pisgana-Gletschers. Nun generell nordostwärts talaus (Steilstufe bei 2300 m rechts umfahren); bei 1900 m wendet sich das Tal nach Nordwesten. An der östlichen Talseite nach Sozzine, 1318 m, und zur Straße, die von Ponte di Legno zum Tonalepaß führt.

2) Über den Passo di Folgorida nach Osten:

Von der Hütte den Lobbiagletscher ostwärts queren (Spalten parallel zur Marschrichtung!) und in den Passo di Folgorida, 2939 m, mit Biwakschachtel (Bivacco Begey, 2898 m). Nun Abfahrt nach Osten am Nordrand des kleinen Folgorida-Gletschers entlang,

Rifugio Mandrone und Mandronegletscher (Zugang zum Rifugio Lobbia).

dann durch schöne Mulden, vorbei an drei kleinen Seen zur verfallenen Malga Folgorida (ca. 2000 m). Entlang des Sommerwegs noch knapp 400 Hm nach Osten abwärts, dann nach links abbiegend durch Wald ins Val Genova. Auf der Straße talaus bis zum Albergo Fontana Bona (1092 m, bis hierher mit PKW befahrbar). Mit Taxi nach Pinzolo und zurück zum Passo Tonale. (Taxi am besten schon am Rif Lobbia telefonisch zum Albergo Fontana Bona bestellen.)

Karten: Kompaß-Karte Nr. 71 Adamello-Presanella (1:50 000) – miserabel wie viele italienischen Karten.

Weitere Möglichkeiten im Bereich des Rif. Lobbia: Zahlreiche leichte, kurze, aber oft auch recht langweilige Touren in der Umrahmung des Mandronegletschers.

Corno Miller (3373 m), Punta di Pian di Neve (3205 m), Carè Alto (3462 m), Crozzon di Làres (3354 m), Monte Mandrone (3281 m).

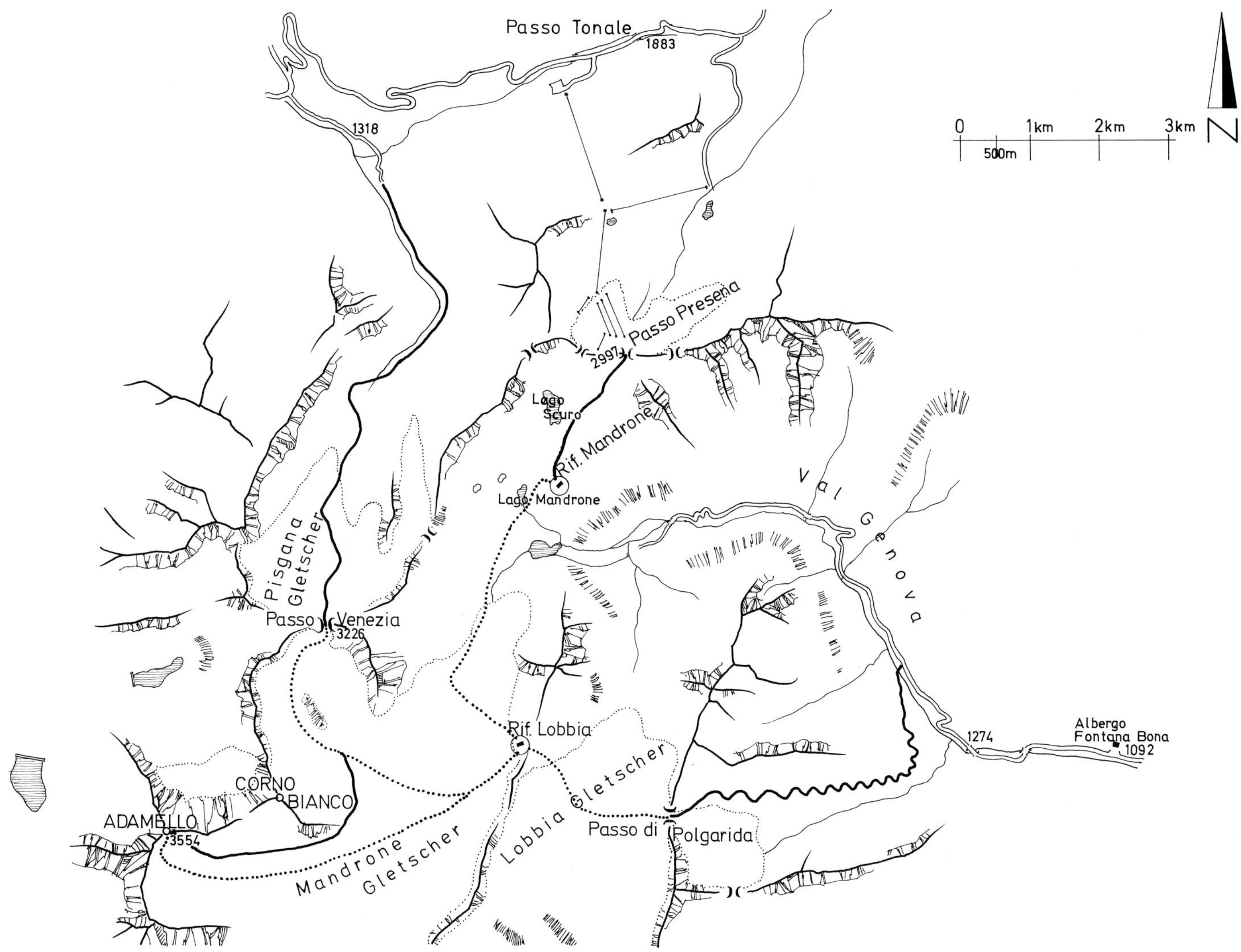

21 Mont Gelé (3518 m)

Wer »Walliser Alpen« hört, denkt automatisch an die Schweiz, an Zermatt, Saas Fee, das Matterhorn, den Dom, den Combin usw. Daß dieses Gebirge auch eine Rückseite hat (und was für eine!), den italienischen Teil der Walliser, hier Penninische Alpen genannt, scheint der Großteil der deutschsprachigen Bergsteiger glatt zu ignorieren. Als ob an der Schweizer Grenze die Poebene beginnen würde! Verkehrstechnische Argumente zählen seit dem Bau des Sankt-Bernhard-Tunnels auch nicht mehr (den gibt es aber schon lange!). Ins Valpelline ist man von Deutschland auch nicht länger unterwegs, als nach Zermatt. Wer's nicht glaubt, soll weiterhin dorthin pilgern, das erhält den Penninischen Alpen ihre Einsamkeit und Urtümlichkeit. Berühmte Renommierberge gibt es hier kaum zu ernten. Wer kennt schon diese wunderschönen Skiberge im Schatten des mächtigen Grand Combin?

Talort und Zufahrt: Ollomont, 1356 m, in einem Seitental des Valpelline. Zufahrt entweder von Aosta (19 km) oder von Norden durch den Großen St. Bernhard-Tunnel (keine Wintersperre) und 5 km vor Aosta links ins Valpelline abzweigen. Die Straße ist von Ollomont noch 3 km weiter bis Glacier, 1549 m, asphaltiert, im Winter nicht geräumt, apert aber früh im Jahr aus.

Stützpunkt: Bivacco Regondi, 2560 m, 6 Plätze. Zugang von Glacier nach Osten über die Brücke und durch die Steilmulde entlang des Sommerwegs ostwärts empor, bis man nach einem flachen Sattel das Tal der Acqua Bianca erreicht (ca. 2100 m). Nun nach Süden zum Lac dell'Incliousa, 2420 m und weiter nach Nordosten zum Lac di Leitou, 2538 m. Am Kamm, der diesen See nördlich begrenzt, liegt die Biwakschachtel. 1000 Hm/3 Std. von Glacier.

Beste Zeit: März – Mai.
Charakteristik: Süd- bis westseitig, meist mittelsteil, 950 Hm/3 Std. vom Bivacco Regondi. Abfahrt süd- bis ostseitig, teilweise steil, 2000 Hm.
Route: Von der Biwakschachtel zum Lac Beùseya, 2513 m, und steil ostwärts auf einen kleinen Gletscher, bis man auf einer ausgeprägten, sanften Rampe nach Norden auf den Glacier du Mont Gelé wechseln kann. Stets nahe seines östlichen Ufers ins Col du Mont Gelé, 3144 m, und nach Nordwesten zum Gipfel.

Abfahrt: Wie Anstieg, oder schöner: Östlich vom Col du Mont Gelé den kleinen Arolette-Gletscher abwärts, bei 2950 m steile Einfahrt ostwärts in die Combe de Crête Sèche, 2410 m, zuletzt durch schütteren Wald zum Weiler Ruz und nach Dzovenno, 1575 m.
Karten: SLK Blatt 293 Valpelline (1:50 000)
SLK Blatt 1366 Mont Vélan (1:25 000).

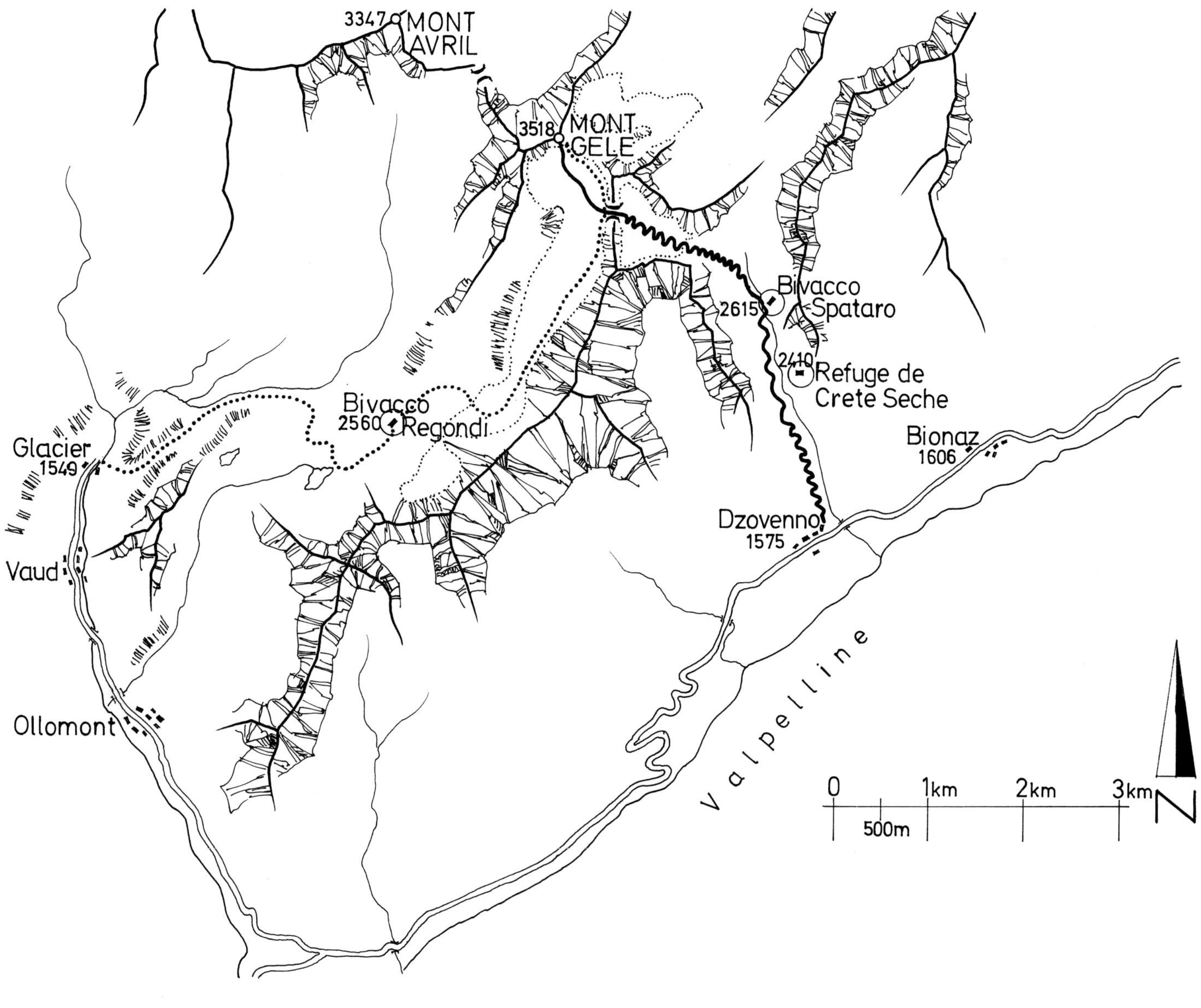

22 Becca di Luseney (3504 m)

Steil, schwierig und einsam ist der Anstieg aus dem Valpelline auf diese isoliert dastehende, schlanke Steilpyramide. Ein Geheimtip, auch unter italienischen Skitourengehern. Nicht etwa, daß ein grober Schönheitsfehler für die Vernachlässigung dieses Gipfels verantwortlich wäre: 1900 Höhenmeter Steilgelände sind eben nicht jedermanns/fraus Sache ...

Talort und Zufahrt: Bionaz, 1606 m, im Valpelline. Zufahrt von der Südrampe des Großen Sankt Bernhard oder von Aosta (25 km).

Stützpunkt: Keiner. Privatquartiere im Valpelline. Sehr gut: Albergo Ristorante Valentino in Dzovenno (der Wirt kennt sich gut aus).

Beste Zeit: April – Juni.

Charakteristik: Nord- bis westseitig, meist steil, mit kurzen sehr steilen Passagen; im untersten und obersten Teil manchmal nur zu Fuß möglich, aber jeweils nur ein kurzes Stück. 1900 Hm/6–7 Std.

Route: Von Bionaz mit Kfz noch 2 km talein bis La Ferrera und hier rechts ab auf kleiner Fahrstraße in den Talgrund zur Kapelle Pouillaye, 1616 m. Von hier auf dem Sommerweg, der in die Combe de Montagnaya führt, bis zur ersten Serpentine und durch eine Mulde ostwärts durch lichten Wald in den Graben, der von der Combe d'Arbière herabkommt (bei ca. 1800 m Felsbarriere, eventuell zu Fuß). Den Graben nach Osten überqueren (kleine Brücke bei 1920 m) und nach Südosten aufwärts bis 2200 m. Nun links

Becca di Luseney vom Anstieg zur Dent d'Hérens.

(nach Norden) ab auf eine Verflachung mit verfallener Alm (»Pra de Dieu«, 2277 m). Östlich davon steil weiter in der Rinne, die vom Mont Dzalon herabkommt, und bei 2600 m schräg rechts (südostwärts), die Rinne verlassen, um an geeigneter Stelle über mehrere felsdurchsetzte Steilrinnen ein Gletscherbecken zu gewinnen (ca. 2900 m), das im Süden sanft in eine Scharte leitet. Von der Scharte südwestwärts über einen aufsteilenden Hang mit abschließendem Couloir zum Gipfel (das allerletzte Stück meist zu Fuß).

Abfahrt: Wie Anstieg.
Karten: SLK Blatt 293 Valpelline (1:50 000).
Weitere Tourenmöglichkeiten:
Mont Gelé, 3518 m; siehe Vorschlag Nr. 21.
Château des Dames, 3488 m; siehe Vorschlag Nr. 23.
Dent d'Hérens, 4171 m; vom Rifugio d'Aosta, einer der am seltensten bestiegenen Viertausender der Alpen.

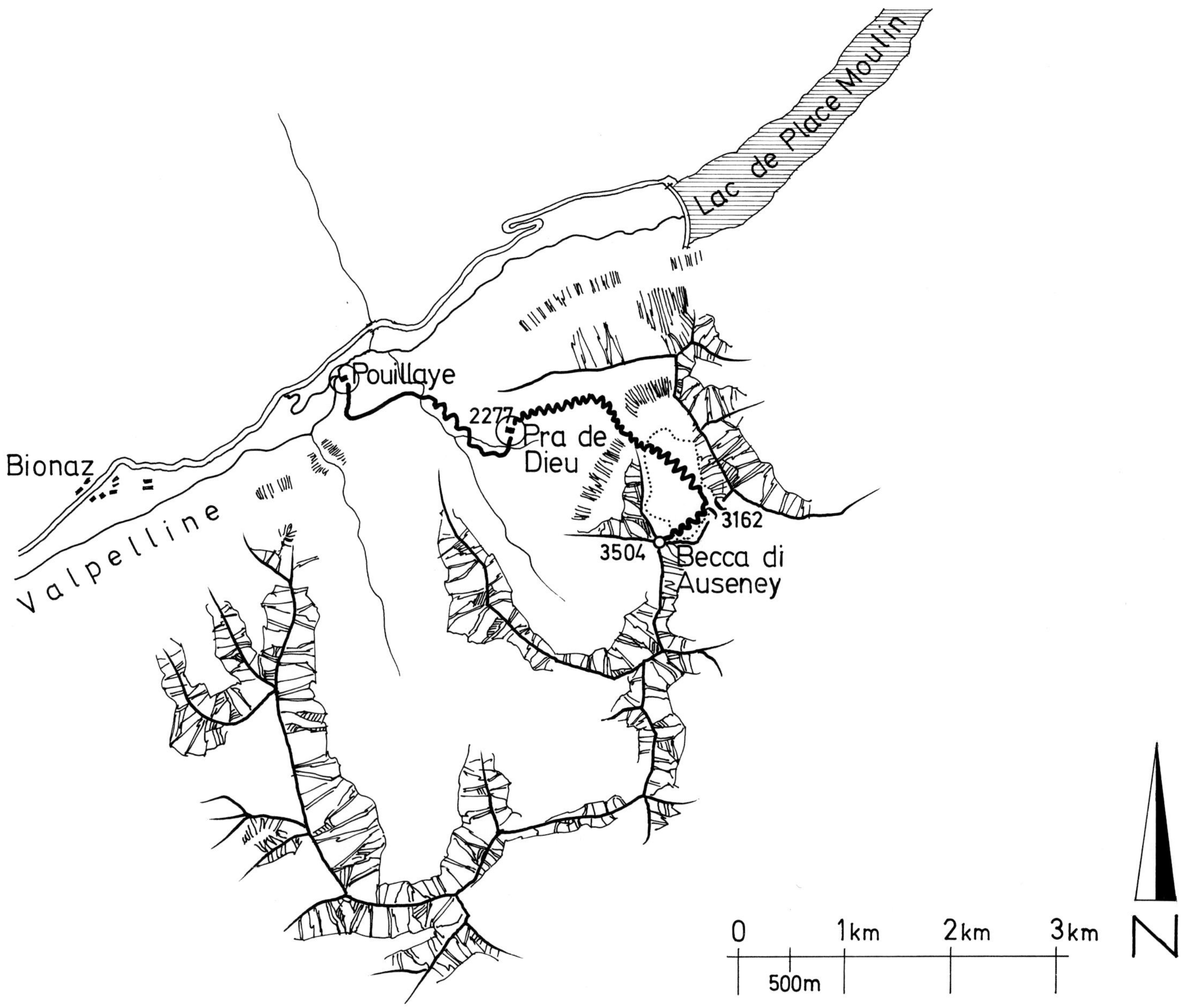

23 Château des Dames (3488 m)

Die Château des Dames-Überschreitung ist eine einsame, anspruchsvolle Tour auf einen eleganten, formschönen Gipfel im Herzen der Penninischen Alpen. Sowohl im Aufstieg von Norden als auch bei der ungemein rassigen Abfahrt nach Osten sind einige sehr steile Passagen zu überwinden, die den erfahrenen Skibergsteiger fordern. Ein echter Geheimtip, den man ruhigen Gewissens ausplaudern kann. Durch die Entlegenheit dieses Berges werden ihm Touristenmassen auf unbestimmte Zeit erspart bleiben. Nach dieser Expedition in die Stille landet man im Trubel der Skistation Breuil-Cervinia zu Füßen des Matterhorns. Ein stärkerer Kontrast ist kaum denkbar.

Talort und Zufahrt: Bionaz, 1606 m, im Valpelline, siehe Tour 31, bzw. Ende der fahrbaren Straße beim Staudamm des Lac di Place Moulin, 1970 m.

Stützpunkt: Keiner. Eventuell Almhütten zum Biwakieren in Prarayer, 2005 m, am Nordostende des Moulin-Stausees. Eine der Hütten hat einen schönen Winterraum. Schlüssel und Auskunft im Albergo Ristorante Valentino in Dzovenno.

Beste Zeit: April/Mai.

Charakteristik: Anstieg west- bis nordseitig, mittelsteil bis steil, eine Passage sehr steil; 1500 Hm/6–7 Std. Abfahrt ost- bis nordostseitig, steil, Einfahrt sehr steil, 1500 Hm; Gesamtüberschreitung 8–9 Std.

Route: Von der Staumauer am Nordwestufer des Sees entlang nach Prarayer, 2005 m (heruntergekommenes Hotel auf einer Anhöhe). Weiter talein bis zu einem

Die letzten Aufstiegsmeter zum Château des Dames; im Hintergrund das Matterhorn.

Brücklein bei 2070 m. Hier nach Osten in ein kleines Seitental (hinter der Schrofenkuppe P. 2244) und durch dieses bis 2200 m ansteigen. Nun steil 300 Hm nach Osten aufwärts, bis man bei 2500 m nach rechts (Süden) den untersten Teil der Seitenmoräne des Glacier des Dames überqueren kann. Den Gletscher nach Südosten aufwärts zu einer Steilstufe zwischen 3000 m und 3200 m. Diese am besten am linken (östlichen) Rand empor (oft zu Fuß), dann wieder weniger steil schräg rechts (südwärts) ins Col des Dames, 3321 m, und über den Ostgrat zum Gipfel.

Abfahrt: Zurück ins Col des Dames und steile Einfahrt nach Osten (die ersten 50 Meter sehr steil, Wächte, mitunter heikel) auf den obersten Teil des Glacier de Vaufrède. Schräg rechts (südwärts) ins Col de Vaufrède, 3130 m, und nun sehr schöne Steilhänge nach Nordosten bis 2700 m abwärts. Hier aus der Steilmulde nach links (Norden) heraus über einen Kamm in die benachbarte Parallel-Mulde. Durch diese ins Vallon de Vaufrède und in abnehmender Steilheit zur Straße im Valtournanche, die man 3 km vor Breuil-Cervinia erreicht.

Karten: SLK Blatt 293 Valpelline (1:50 000)
SLK Blatt 283 S Arolla (1:50 000).

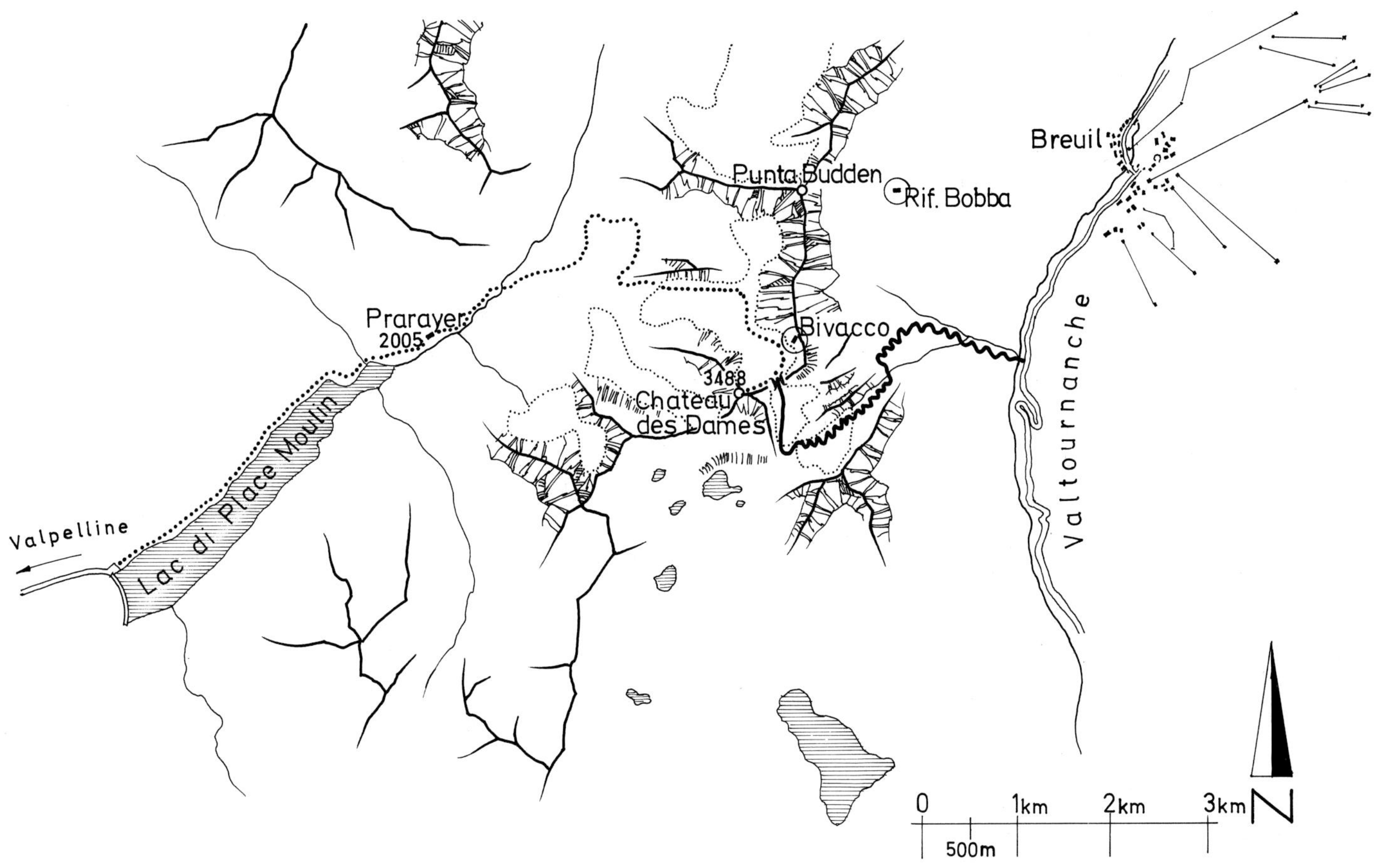

24 Punta Rossa – Überschreitung

Abgesehen von der Osterwoche und anderen Stoßzeiten zeichnet sich dieser Teil der Paradisogruppe (noch) durch wohltuende Einsamkeit aus. Obwohl bei Cogne Eisen abgebaut wird, hat sich das Val de Cogne seine wilde Ursprünglichkeit weitgehend bewahrt. Der Großteil deutschsprachiger Skibergsteiger, die sich die Paradisogruppe als Urlaubsziel wählen, pilgert natürlich zum klassischen Ziel und einzigen Viertausender, dem Gran Paradiso selbst. Damit sich die weite Anreise aber auch lohnt, sollte man den anderen Skibergen der Region ebenso Beachtung schenken. Es lohnt sich. Die Punta Rossa-Überschreitung z.B. hält jedem Vergleich mit hochkarätigen Westalpentouren durchaus stand.

Talort und Zufahrt: Cogne, 1530 m, im Val de Cogne. Zufahrt aus dem Val d'Aosta.

Stützpunkt: Rifugio Vittorio Sella, 2584 m, CAI. Ab Ostern bewirtschaftet, sonst Winterraum im alten Nebengebäude. Zugang von Cogne: noch 3 km auf Asphalt nach Valnontey, 1670 m. Auf dem Sommerweg nach Westen in Kehren durch steilen Wald. Bei ca. 2000 m gelangt man aus dem Wald in freies Steilgelände. Nun immer entlang der nördlich begrenzenden Felswand (große Steinbockbestände) zur halbverfallenen Alm Gran Lauson, 2495 m. In flacher werdendem Gelände nach Westen zur Hütte. 900 m/3 Std.

Beste Zeit: März – Mai.

Route: Von der Hütte westwärts, bis das Tal bei ca. 2800 m steil wird. Hier rechts (nordwärts) weg über einen Steilhang zwischen Felsen, die zum Col de la Rossa, 3195 m, hinaufführen (auf halber Höhe ein kleines Plateau). Jenseits nordostwärts erst fallend, dann ansteigend steil in weitem Rechtsbogen auf den Nordostkamm der Punta Rossa und über diesen zum Gipfel mit kleiner Madonna, 3630 m.

Abfahrt: Man kann bereits vom Col de la Rossa ohne auf den Gipfel zu gehen ostwärts das wilde Hochtal »Vallone di Vermianaz« abfahren, wonach man weit unten, bei den Almen »les Ors«, 1944 m, auf die nachfolgend beschriebene Abfahrt vom Gipfel trifft. Vom Gipfel den Nordostkamm entlang, bis er sich deutlich verflacht (ca. 3450 m). Nun Einfahrt nach Osten und nach 200 Hm nach Nordosten auf eine ausgeprägte Rampe und weiter nordostwärts über sehr schöne Hänge auf die mächtige Südostwand der Punta Pousset zuhaltend zur Oberen Pousset-Alm, 2529 m. Nun nach Osten über reichgegliedertes, buckliges Gelände Richtung Untere Pousset-Alm, 2176 m, aber noch **vor** dieser rechts (nordostwärts) hinaus längs des (kaum erkennbaren) Sommerwegs um einen bewaldeten Rücken herum zur Alpe »les Ors«, 1944 m.

Nun allgemein schräg rechts (ostwärts) auf dem Sommerweg über Lichtungen und Waldpassagen nach Cretaz, 1499 m, 1 km vor Cogne.

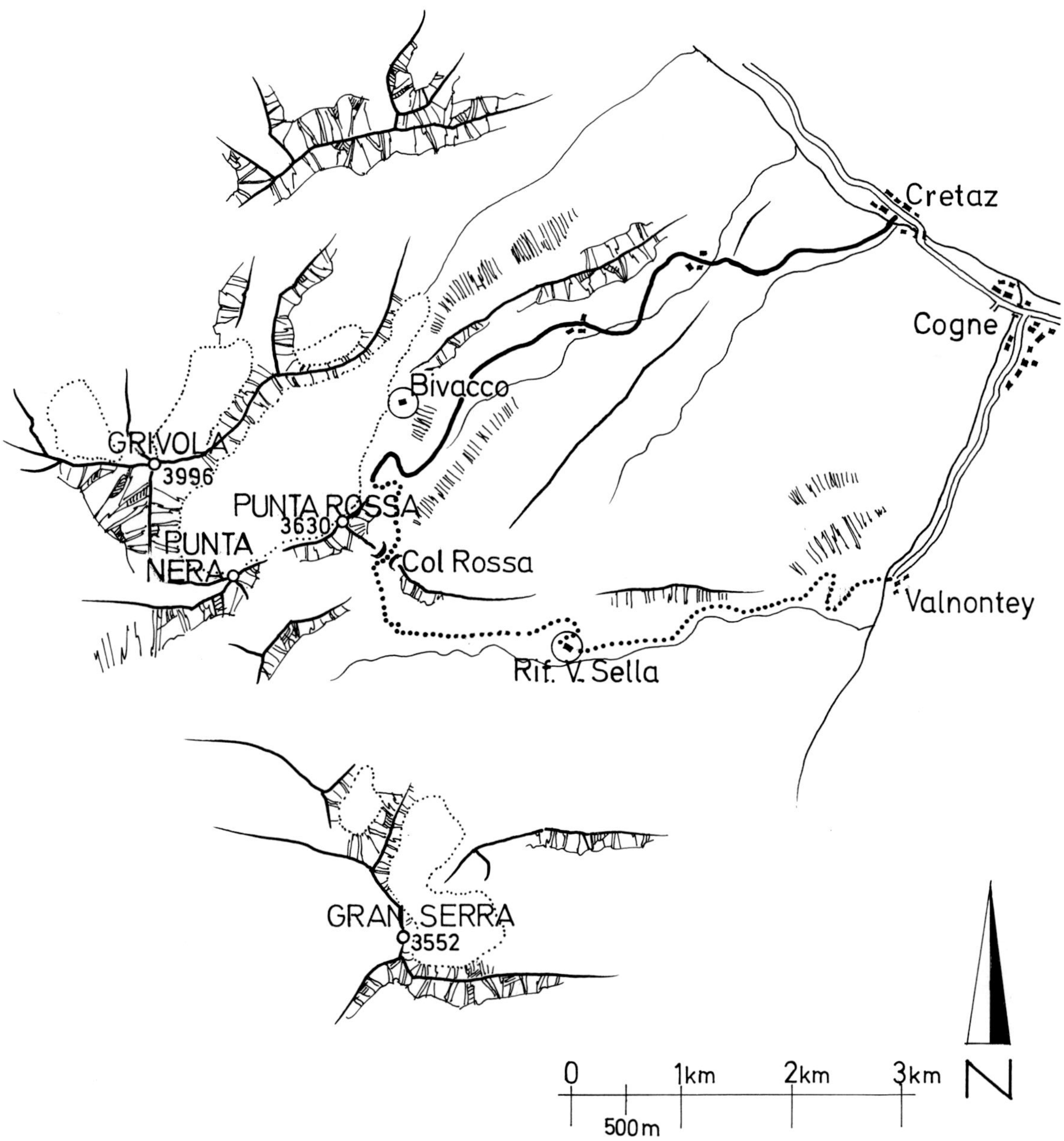

25 Becca di Giasson (3202 m)

Von den vielen Seitentälern, die aus dem Val d'Aosta nach Süden ins Paradisogebiet hineinziehen, ist das Val Grisenche das einsamste. Die am Ende des Tals gelegene Bezzihütte wird von deutschsprachigen Skibergsteigern, wenn überhaupt, meist als Ausweich- und Verlegenheitsziel angesteuert. Schlechtes Wetter in der Schweiz, Flucht nach Süden, am Paradiso war man vielleicht schon und so bleibt oft »nur« die Bezzihütte. Daß die Gegend im Grisenche-Talschluß durchaus einen mehrtägigen Aufenthalt und die weite Anreise wert ist, wird wahrscheinlich erst geglaubt, wenn dort ein neuer Viertausender gewachsen ist. Berühmte Berge gibt es nicht zu erobern, aber die Abfahrt von der Becca di Giasson nach Norden zum Stausee ist eine der schönsten Spielwiesen für Wedelkönige der gesamten Grajischen Alpen. Bester Beweis (der allerdings wehmütig stimmt): Eine Heli-Skiing-Agentur aus Chamonix setzt hier gelegentlich (Gottseidank selten) betuchte Luxusgeschöpfe in den Schnee.

Talort und Zufahrt: Bonne, 1788 m, im Talschluß des Val Grisenche an der Staumauer des Lac de Beauregard gelegen. Zufahrt aus dem Aostatal (Abzweigung in Leverogne). 31 km von Aosta, 33 km von Courmayeur.

Stützpunkt: Rifugio Mario Bezzi, 2284 m, CAI, unbewirtschaftet, offener Winterraum. Bei Andrang oder auf Anfrage durch größere Gruppen neuerdings öfter bewirtschaftet (Auskunft im Albergo Perret in Bonne).

Zugang von Bonne am Ostufer des Stausees auf Fahrstraße (für Privat-PKW gesperrt) zum Weiler Urselères, 1780 m (im Winter unbewohnt) am Westende des Sees. Nun nach Süden das eng eingeschnittene Tal erst an seiner Ostseite entlang bis zur Alm »le

Chalêt«, 1920 m, und im nun etwas weiteren Tal über große Lawinenkegel zur Hütte. 500 Hm, aber gut 10 km Horizontaldistanz, 4 Std.
Beste Zeit: März - Mai.
Charakteristik: Aufstieg west- und südseitig, anfangs kurze Steilstufe, dann riesige freie Hänge, 900 Hm/3 Std. Abfahrt nordseitig, mittelsteil, 1400 Hm.
Route: Von der Hütte kurz nach Süden und die erste Möglichkeit steil links (nach Osten) aufwärts knapp 300 Hm auf weitläufige, sanfte Böden (»Pian di Vaudet«). Nun nordostwärts, mehrere weite Mulden querend, ins Col di Giasson, 3154 m. Unschwierig nach Westen zum unscheinbaren Gipfel.
Abfahrt: Vom Col nach Norden über den Giasson-Gletscher und das anschließende weite Tal zur Alpe Forciaz, 2180 m. Nun steil norwestwärts durch lichten Lärchenwald nach Urselères. (Bei Ausaperung des unteren Teils besser von Forciaz auf dem Sommerweg nach Nordnordosten zum See absteigen.)

Weitere Möglichkeiten von der Bezzihütte:
Becca della Traversiere, 3337 m, 1050 Hm/3 Std.
Grande Traversiere, 3496 m, 1200 Hm/4 Std.
Truc Blanc, 3405 m, 1100 Hm/3 ½ Std.
Pointe du Nant Cruet, 3610 m; 1300 Hm/4 Std.
Schwierig, teilweise sehr steil und spaltenreich.

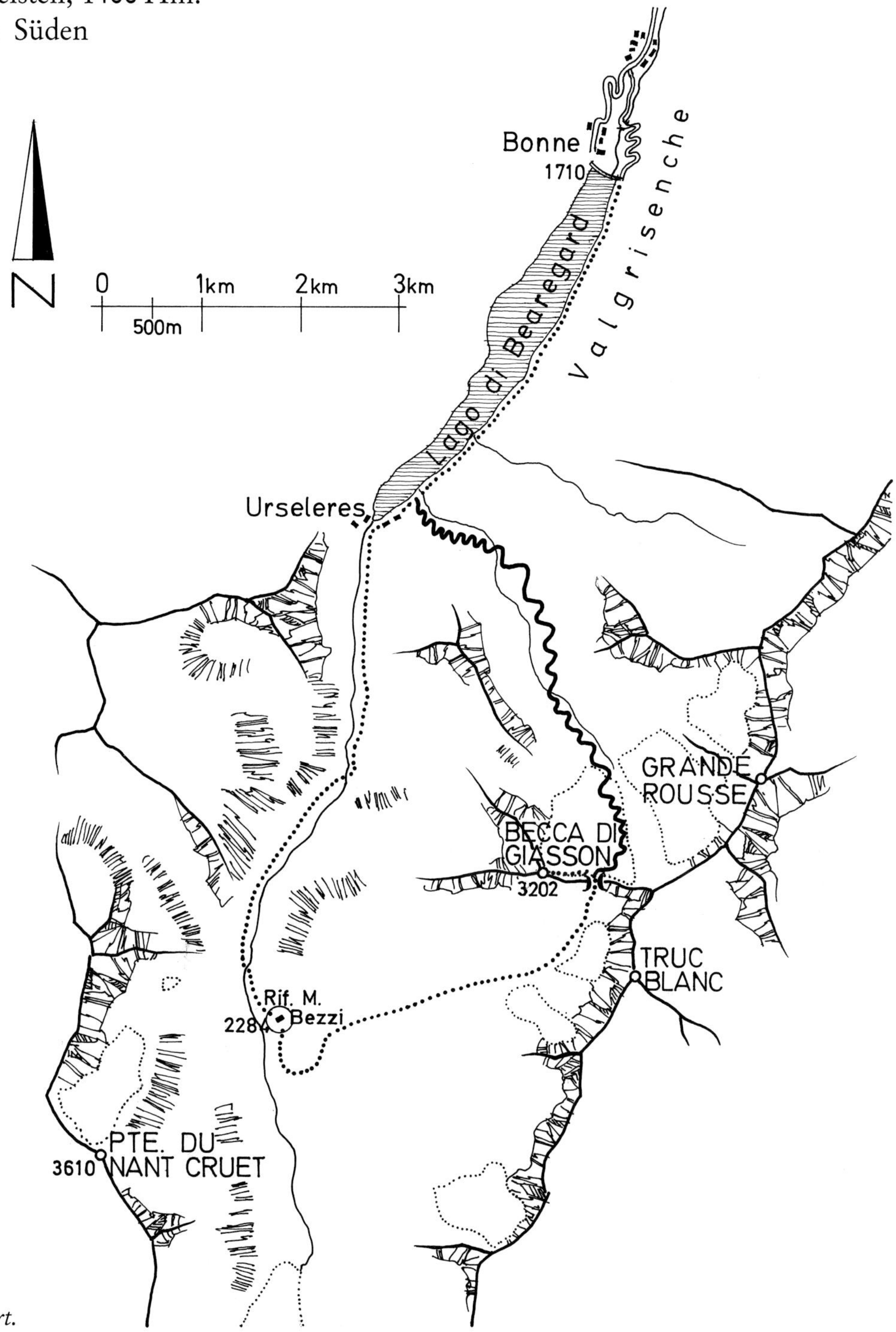

◁ *Die Prachthänge der Becca-di-Giasson-Abfahrt.*

26 Hinter Tierberg (3443 m)

Die Trifthütte in den Urner Alpen erschließt einen der verborgensten Winkel der Schweiz. Der Zugang von Norden aus dem Gadmertal über die Windegghütte ist langwierig und besonders im unteren Teil lawinengefährdet, und auch die Möglichkeit von Süden vom Furkapaß über Rhône-Gletscher und Triftlimi ist eine ausgewachsene Tagestour. Alles handfeste Einsamkeitsgarantien!

Talort und Zufahrt:
Von Norden:
Nessental/Schwendi, 1010 m, im Gadmertal. Zufahrt von Luzern über Brünigpaß und Meiringen.
Von Süden:
Hotel Belvédère, 2274 m, an der Furkapaß-Straße. Zufahrt von Andermatt an der Gotthard-Straße mittels Autoverladung (Furkapaß bis Mai Wintersperre).

Stützpunkt: Trifthütte, 2520 m, SAC; kleiner offener Winterraum.

Zugang von Norden: 1800 Hm/7–8 Std. Nur bei stabilen Verhältnissen.
Von Schwendi (1. Kehre östlich von Nessental; Posthaltestelle »Käppeli«) auf der alten Sustenstraße auf die Alm Schaftelen, eine Schneise, südostwärts empor und bei 1440 m nach Westen auf dem Sommerweg in den Wald und zu einer Kanzel, 1502 m. Leicht fallend (sehr steil und lawinengefährdet) südwärts in den Talgrund und steil auf dem Sommerweg zur Windegghütte, 1887 m. Bis hierher 3½ Std. Nun nach Südwesten auf einem Rücken zu P. 2226, fast horizontale Querung ins Trifttälli und zu P. 2227, dann ein aufsteilendes Couloir nach Süden zu P. 2660, schließlich nach Osten in Links-Rechts-Schleife auf den Triftgletscher abfahren und über einen Kamm zur Hütte.

Zugang von Süden:
Vom Hotel Belvédère an der Furkastraße 850 Hm Aufstieg, 600 Hm Abfahrt, gesamt 5 Std.
Vom großen Panoramaparkplatz am Ostufer des Rhônegletschers entlang bis an den Fuß des Galenstocks (P. 2769) und in weitem, nach Osten ausholendem Bogen meist sehr flach in den Sattel »Undri Triftlimi«, 3137 m. Von hier kann in einer ½ Std. der Tieralplistock, 3383 m, »mitgenommen« werden. Vom Sattel nach Norden in schöner Gletscherabfahrt zur Hütte, (große Bruchzone bei 2750 m östl. umfahren).

Beste Zeit: April – Juni.

Charakteristik: Hinter Tierberg steiler Südwesthang. Strenge Umgebung in großer Abgeschiedenheit. 900 Hm/3 Std. von der Hütte, das letzte Stück zu Fuß. Der weite Anmarsch zur Trifthütte lohnt sich nur bei einem längeren Aufenthalt. Tourenmöglichkeiten gibt es genug.

Route: Von der Hütte nach Süden und in einem Rechtsbogen in die Südwestflanke des Tierbergs. Diese gleichmäßig steil aufwärts zum felsigen Gipfelaufbau. Die letzten 50 Hm zu Fuß; mitunter vereist (Steigeisen).

Abfahrt: Wie Anstieg.

Karte: Schweizer Landeskarte Blatt 255 S Sustenpaß (1:50 000) – mit Skirouten.
Die Tour liegt genau am Schnittpunkt von 4 verschiedenen Blättern:
1210 Innertkirchen
1211 Meiental
1230 Guttannen
1231 Urseren.

Weitere Möglichkeiten von der Trifthütte aus:
Steinhüshorn, 3121 m; 600 Hm/2 ½ Std.
Gwächtenhorn, 3214 m; 700 Hm/2 ½ Std.
Diechterhorn, 3389 m; 850 Hm/3 Std.
Tieralplistock, 3389 m; 850 Hm/3 Std.
Wysse Nollen, 3398 m; 900 Hm/3 Std.
Maasplanggstock, 3401 m; 900 Hm/3 Std.

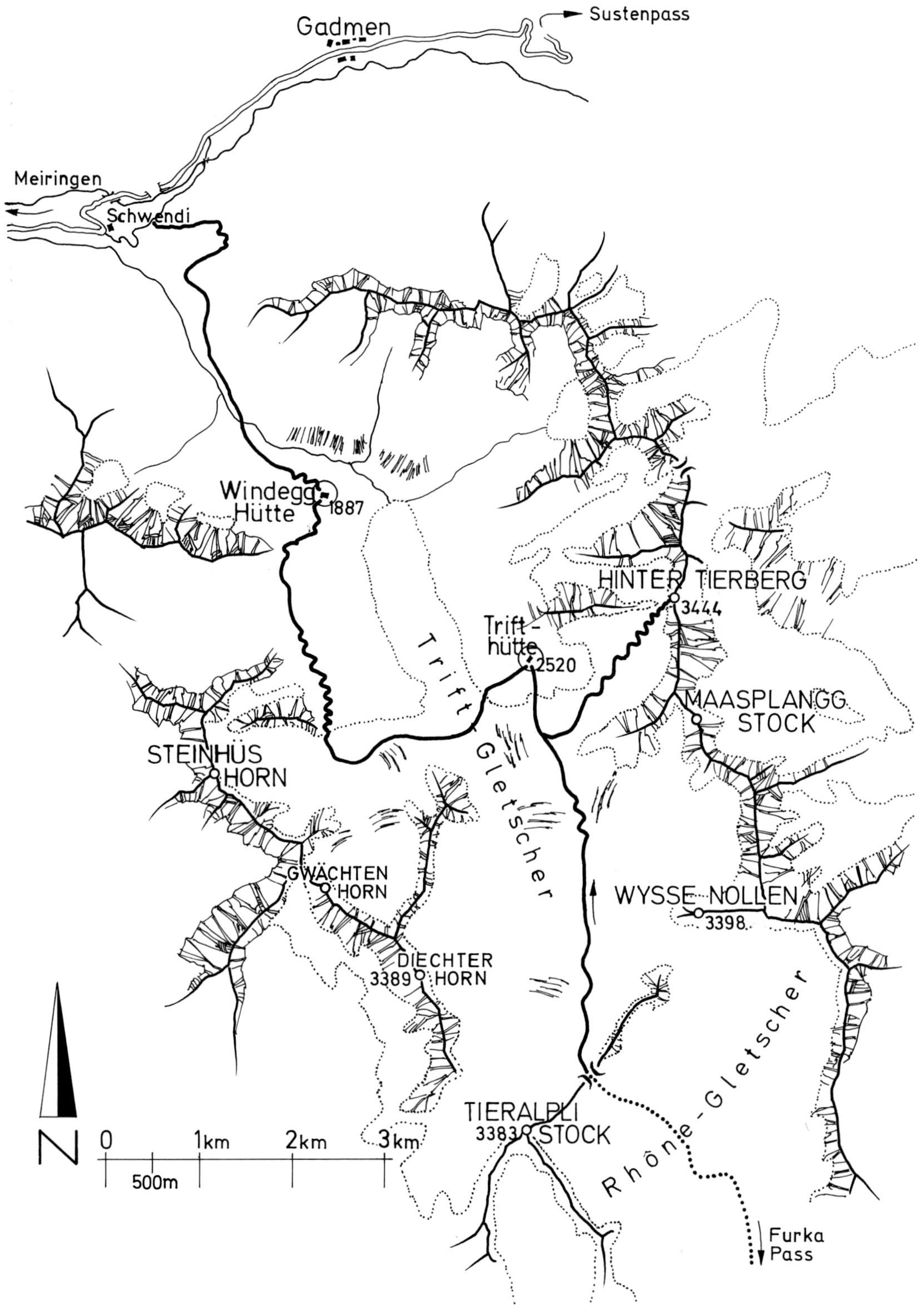

◁ *Der Hinter Tierberg vom Gipfel des Gwächtenhorn, ein Berg, der nicht mit Superlativen bedacht werden kann. Er ist bestimmt nicht der schönste, tollste oder lohnendste Skiberg der Zentralschweiz, er ist einfach ein Berg wie viele andere auch und soll hier stellvertretend für den prächtigen, aber unberühmten Gipfelkranz rund um den Triftgletscher vorgeschlagen werden.*

27 Rheinwaldhorn (3402 m)

Die elegante Firnpyramide des Rheinwaldhorns ist der höchste Berg in weitem Umkreis, entsprechend ist die Rundschau vom Gipfel. Der Anstieg von Westen, aus dem sonnigen Tessin also, ist der direkteste und schnellste, aber auch der steilste. Der Höhenunterschied zwischen dem schon mediterran anmutenden Val Bienio und dem Gipfel beträgt fast 3000 m auf kürzester Strecke.
Warum nicht einmal als Skitourist die einzigartige Atmosphäre des Tessin genießen?
Talort und Zufahrt: Campo Blènio, 1216 m. Zufahrt von der Südrampe des Lukmanierpasses (Val Bienio), in Olivone rechts ab und 6 km nach Campo Blènio. Das Val Bienio erreicht man entweder durchs Hinterrheintal und den Passo San Bernardino oder über die Gotthardautobahn.
Stützpunkt: Capanna Adula, 2012 m, CAS, offener Winterraum. Von Campo Blènio auf asphaltierter Straße zum Luzzone-Stausee, 1590 m. Über die Staumauer und auf kleinem Sträßchen durch einen Tunnel (Stirnlampe!) und an einem weiteren Stausee vorbei, 1702 m, das Val di Carassino ständig sanft ansteigend bis an sein Ende (ca. 2200 m) und rechts (nach Südwesten) über den Grat auf seine Südwestseite, wo die Hütte steht (bis zuletzt nicht sichtbar, Wegweiser am Talende).
Beste Zeit: März/April
Charakteristik: Teilweise steile, rassige Westhänge, am besten bei Firn. 1400 Hm/5 Std. von der Hütte. Stausee – Hütte 400 Hm/2 ½ Std.
Route: Von der Capanna steil nach Osten aufwärts zum sichtbaren Rifugio Adula, 2398 m. Nach Südosten auf den Moränenkamm und jenseits kurz steil abfahrend auf den Bresciana-Gletscher. In eindrucks-

voller Direttissima auf eine Schulter im Nordwestgrat und diesen entlang (die letzten Meter zu Fuß) zum Gipfel.

Abfahrt: Wie Anstieg.

Karten: SLK Blatt 266 S Valle Leventina (1:50 000) - mit Skirouten
SLK Blatt 1253 Olivone (1:25 000).

Weitere Ziele in dieser Gegend:
Grauhorn, 3260 m; 1250 Hm/3–4 Std. Nachbar des Rheinwaldhorns, ähnlicher Charakter, rassige Steilabfahrt nach Westen.
Pizzo di Cassimoi, 3129 m; 1500 Hm/4–5 Std. vom Luzzone-Stausee; prächtige Steilabfahrt, nordseitig, sehr schattig (Pulver?).

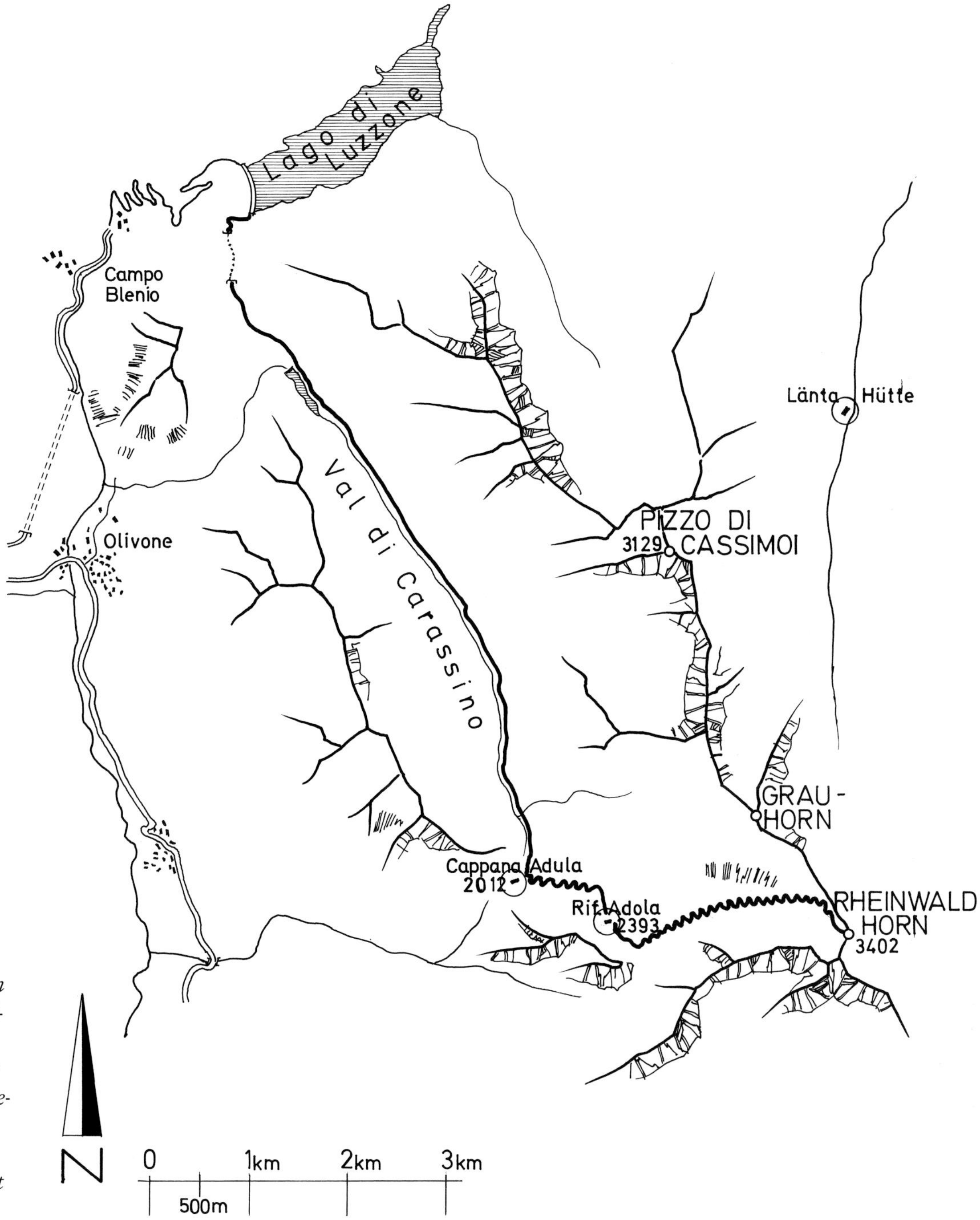

◁ *Das Rheinwaldhorn ist den Schweizern seit eh und je ein bekanntes und begehrtes Skiziel, eine Selbstverständlichkeit sozusagen. Für Besucher aus nördlicheren Gefilden bedeutet ein Aufstieg aus dem romanisch-mediterranen Ambiente des Tessins ein fast schon exotisches Abenteuer.*

28 Ankenbälli (3605 m)

In den östlichen Bernern, wo die Berge die Viertausender-Schallmauer schon recht deutlich verfehlen, die eifrigen Sammler berühmter Berge also nicht oder äußerst selten zu finden sind, steht die Gaulihütte, umgeben von einem Kranz idealer Skiberge, zehn an der Zahl. Ein versteckter Winkel, aus deutscher Sicht so gut wie unbekannt. Die Schweizer wissen diese Ecke natürlich schon lange zu schätzen.

Talort und Zufahrt: Innertkirchen, 625 m, im Aaretal. Zufahrt über Luzern, Brünigpaß und Meiringen.

Stützpunkt: Gaulihütte, 2205 m, SAC, unbewirtschaftet, Winterraum offen; in der Tourenzeit an den Wochenenden meist Hüttenwart.

Zugang: Von Innertkirchen die Fahrstraße ins Urbachtal (im Frühling meist befahrbar) bis 838 m. Auf dem Sommerweg nach Rohrmatten, 1043 m, und durch Wald nach Schrätteren, 1445 m. Über eine Brücke nach Süden und steil erst süd-, dann ostwärts zu P. 1850. Hier nach Süden den felsdurchsetzten Steilhang empor auf eine Schulter des Tälligrates (P. 2222) und nach Süden ohne Höhengewinn zur Hütte.

1400 Hm/5–6 Std. ab Urbach. Nur bei stabilen Verhältnissen!

Beste Zeit: April/Mai.

Charakteristik: Herrlich freie Gletscherhänge, ostseitig, ideale Steilheit; 1400 Hm/5–6 Std. von der Hütte.

Route: Von der Hütte kurz nach Südwesten in einen Graben und jenseits steil durch eine Rinne, auf die Südseite des Chammligrats und auf einer Verflachung nach Westen zu P. 2589 und hier auf den Gauligletscher. Diesen südwestwärts überqueren auf das Ewigschneehorn zu und nach Westen aufwärts, bei 3000 m

etwas nach Norden ausholend auf einen Schneerücken, diesen bis 3400 m aufwärts und dann schräg rechts (nach Nordwesten) durch eine Mulde direkt zum Gipfel. Prächtiger Blick auf Schreck- und Lauteraarhorn.

Abfahrt: Wie Anstieg.

Karten: SLK Blatt 255 S Sustenpaß 254 S Interlaken (1:50 000)
SLK Blatt 1230 Guttannen 1229 Grindelwald (1:25 000).

Weitere Möglichkeiten von der Gaulihütte aus:
Obere Bächlilücke, 3074 m; 950 Hm/3–4 Std. Übergang ins Bächlital und zum Grimselpaß.
Hiendertelltijoch, 3080 m; 950 Hm/3–4 Std. Übergang zur Lauteraarhütte.
Hubelhorn, 3244 m; 1150 Hm/4–5 Std., sehr einsam.
Ewigschneehorn, 3329 m; 1200 Hm/4–5 Std.
Rosenegg, 3470 m; 1250 Hm/4–5 Std.
Ränfenhorn, 3259 m; 1050 Hm/3–4 Std.
Hangendgletscherhorn, 3292 m; 1100 Hm/3–4 Std., die letzten 100 m zu Fuß.

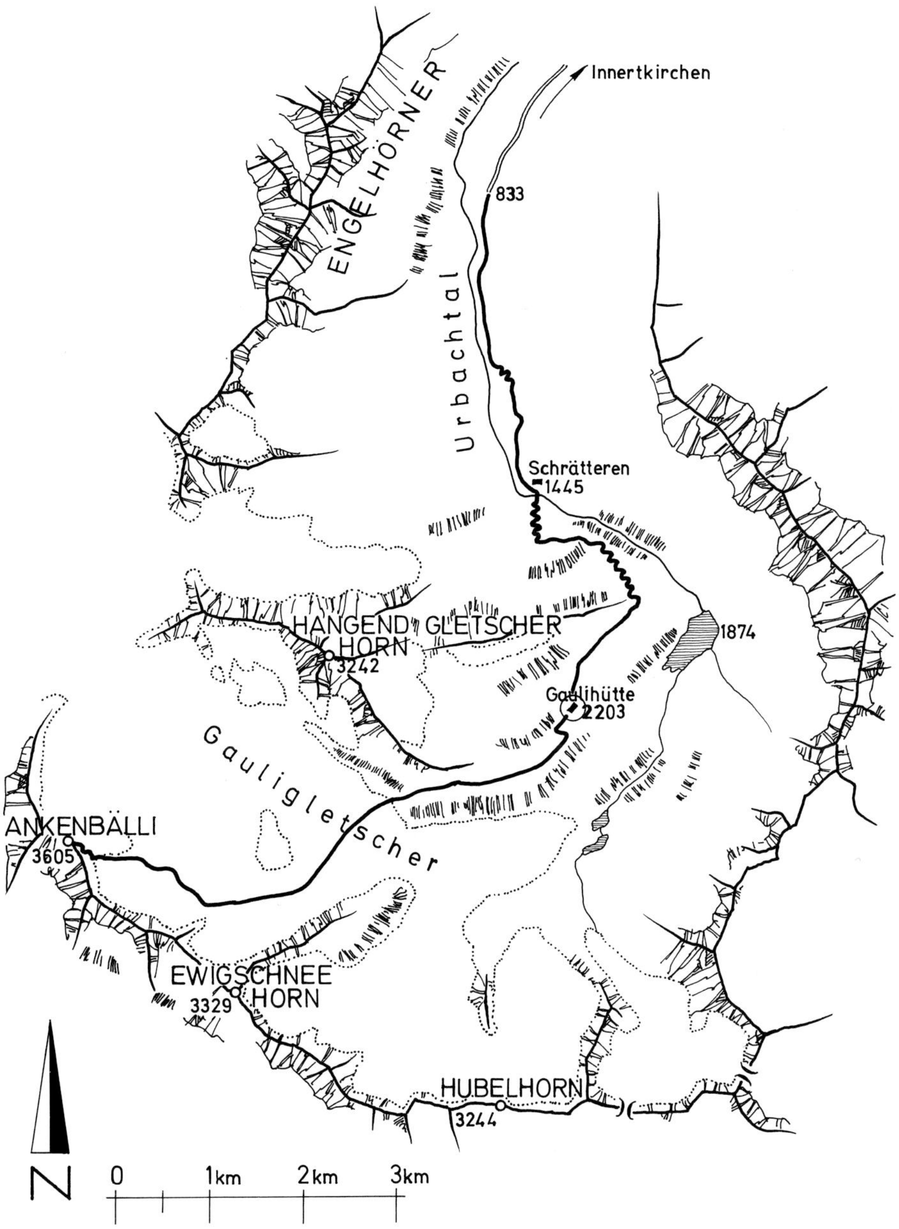

◁ *Fahren. Der Lohn der Mühe.*
Wir dürfen wieder Kinder sein.

29 Trugberg (3880 m)

Der Trugberg steht beherrschend über dem imposantesten Gletscherzusammenfluß der Alpen, dem Konkordiaplatz. Liest man, daß das Eis hier gut 800 Meter mächtig sein soll, glaubt man unwillkürlich an einen Druckfehler. Da man nur von den Gipfeln, nicht aber von den Gletscherflächen rund um den Konkordiaplatz in irgendein Tal schauen kann, bewegt man sich in einer Umgebung von großem, westalpinem Ernst, in einer Atmosphäre wahrhaft arktischer Strenge. Ein überwältigender Fleck dieses Planeten, ein Ort, den jeder Skibergsteiger in seinem Leben einmal besucht haben sollte.

Trotz seiner makellos-rassigen Steilabfahrt nach Süden wird der Trugberg selten besucht. Das hat einen ganz einfachen Grund: Die lächerlichen 100 Meter, die ihm zu 4000 fehlen. In **der** *Umgebung ist das offensichtlich ein unverzeihlicher Lapsus. Machen Sie es anders: Verschmähen Sie die Jungfrau und gehen Sie auf den Trugberg. Sie werden wahrscheinlich alleine sein. Der Berg hat seinen Namen übrigens von den Erstbesteigern der Jungfrau, die, vom Aletschgletscher kommend, zuerst den Trugberg sahen und ihn für die Jungfrau hielten.*

Talort: Grindelwald, 1034 m.

Stützpunkt: Mönchsjoch-Hütte, 3650 m, privat. Bewirtschaftet März bis Mai, sonst offener Winterraum.

Zugang: In 1 Std. bequem von der Bergstation der Jungfraujoch-Bahn.

Beste Zeit: März – Juni.

Trugberg von den Konkordiahütten.

Charakteristik: Anstieg ost- bis südostseitig, teilweise steil, aber nirgends wirklich schwierig, die letzten Meter zu Fuß. 500 Hm/3 Std. Abfahrt südseitig, steil, einige große Spalten, 1100 Hm bis zum Konkordiaplatz.

Route: Vom Mönchsjoch ostwärts aufs Ewigschneefeld bis ca. 3400 m abfahren. Nun die Ostflanke des Trugbergs südwestwärts ansteigend zum Südostgrat queren und diesen empor zum Südgipfel. Die letzten Meter zu Fuß.

Abfahrt: Vom Skidepot den Südostgrat bis auf 3700 m abwärts, dann die steile Südflanke hinab (ab 3500 m leicht links, nach Südosten haltend) auf den Jungfraufirn und Konkordiaplatz. Nun entweder zur Metallstiege der Konkordiahütten abfahren oder 700 Hm Aufstieg zurück zum Jungfraujoch.

Karten: SLK Blatt 264 S Jungfrau (1:50 000)
- mit Skirouten
SLK Blatt 1249 Finsteraarhorn (1:25 000).

Weitere Möglichkeiten im Bereich Konkordiaplatz: Eine fast unüberschaubare Vielzahl von Möglichkeiten aller Schwierigkeitsgrade.

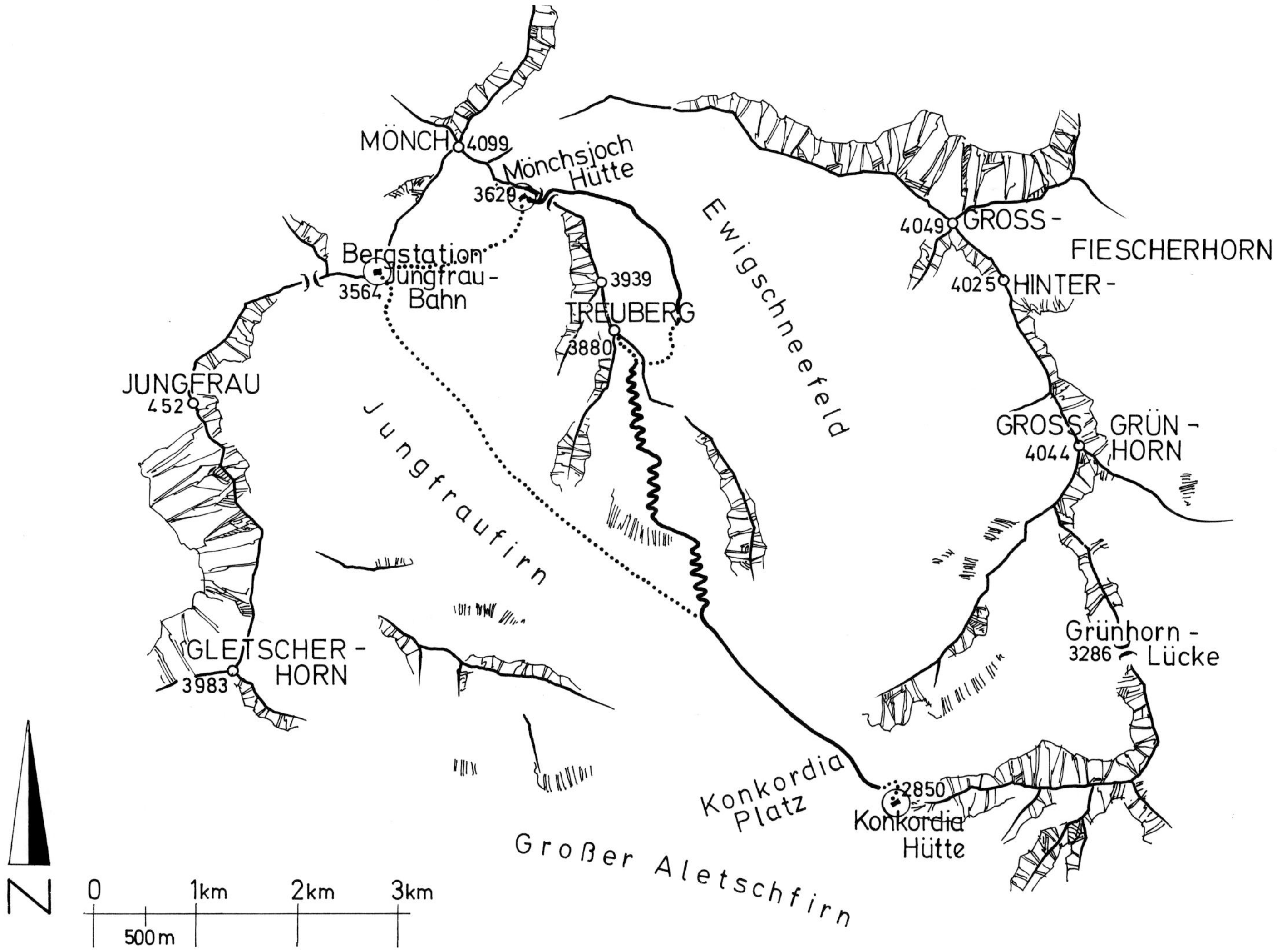

30 Arpelistock (3035 m)

Obwohl man mit der Diablerets-Seilbahn schon fast die Gipfelhöhe des Arpelistocks erreicht, handelt es sich bei dieser Tour nicht um einen gemütlichen Ski-Plus-Bummel. Nach flacher Abfahrt von der Bergstation ins Col du Sanetsch müssen 800 Hm über den scharfen Kamm der Arête de l'Arpille aufgestiegen werden. Die Abfahrt vom Gipfel nach Lauenen durch die schattige Grube des Rottals über fast 2000 Hm sucht allerdings ihresgleichen.

Talort und Zufahrt: Les Diablerets, 1151 m, an der Westrampe des Col du Pillon. Auf halbem Weg zwischen Montreux/Genfersee und Martigny in Aigle abzweigen (21 km von Aigle; auch Zahnradbahn).

Beste Zeit: Februar - April.

Charakteristik: Aufstieg an der Arête de l'Arpille meist verblasen, Schlußstück sehr steil (zu Fuß). 800 Hm Aufstieg, gesamt fast 2500 Hm Abfahrt, davon allerdings die ersten 700 Hm sehr flach. Gesamtzeit von der Bergstation nach Lauenen 5-7 Std.

Route: Mit der Diablerets-Seilbahn (Talstation an der Ostrampe des Col du Pillon, Straße im Winter offen) in drei Teilstücken zur Bergstation auf 2940 m. Nun ostwärts in flacher Abfahrt an der Südflanke des Oldenhorns entlang ins Col du Sanetsch, 2251 m, (Hochspannungsleitung). Nun am geschwungenen Südwestkamm des Arpelistocks (oder in der Nordflanke des Kamms) in einen Sattel, 2680 m. Nun auf die Südostseite und zuletzt sehr steil auf den Gipfel.

Abfahrt: Die prächtigen Hänge der Nordostflanke ins Rottal abfahren und zur Geltenhütte (2002 m,

Die letzten Meter zum Arpelistock; im Hintergrund die Zufahrt von den Diablerets.

offener Winterraum). Unterhalb der Hütte zu einer klammartigen Verengung (»Geltenschuß«) und auf dem Sommerweg links (nach Westen) heraus auf einen nordost-exponierten Hang, diesen nochmals nach links (Nordwesten) über eine Kante verlassen und dann erst nach Nordosten in den ebenen Talboden bei 1600 m. Nach einer kurzen verwachsenen Steilstufe auf dem Sommerweg zum Lauenensee, 1381 m, und mit kurzer Gegensteigung auf Fahrstraße nach Lauenen. Mit Bus nach Gstaad und zurück nach Les Diablerets.

Karten: SLK Blatt 272 S St. Maurice/273 S Montana (1:50 000)
263 S Wildstrubel
SLK Blatt 1285 Les Diablerets/1286 St. Léonard (1:25 000) 1266 Lenk.

Weitere Möglichkeiten im Bereich von Les Diablerets:

Die unüberbietbar rassige Westabfahrt von den Diablerets nach nur 20-minütigem Aufstieg von der Seilbahn-Bergstation Richtung Diablerets-Gipfeln. Steile Einfahrt in einem Sattel nach Nordwesten und durch ein riesiges, felsdurchsetztes Amphitheater. Sieht vom Tal aus glattweg unmöglich aus! Nur nach vorherigem, genauem Kartenstudium und auch dann nur für Leute mit ausgeprägtem Orientierungsvermögen!

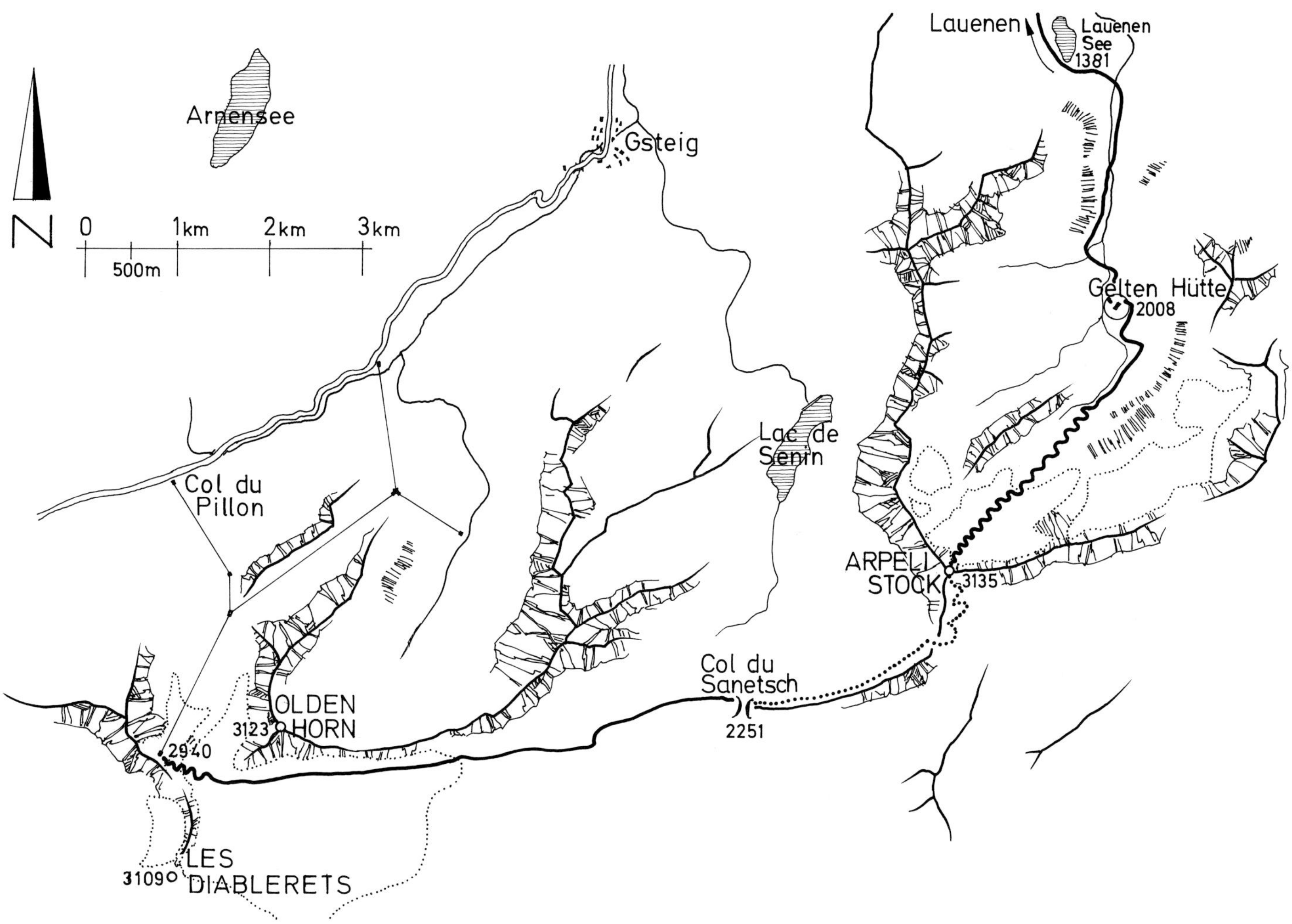

31 Mont Collon - Umfahrung

Der Mont Collon mit seiner gut 1000 m hohen Nordwand bildet den imposanten Talschluß des Val d'Arolla. Er ist kein Skiberg, aber seine Umrundung führt angesichts eines großartigen Panoramas ins Herz des französischen Wallis und verläuft im Südabschnitt auf der Trasse der Haute Route (in der Gegenrichtung). Es ist letztlich Geschmackssache, ob man die Runde im oder gegen den Uhrzeigersinn macht. ***Im*** *Uhrzeigersinn ist sie wahrscheinlich reizvoller. Zum einen spart man sich die Nächtigung auf der meist überfüllten Cabane des Vignettes (Haute Route-Etappenziel!), zum andern ist die Abfahrt über den Glacier de Pièce flüssiger, interessanter. Je nach Lust und Laune (und Kondition) können unterwegs drei Gipfel »mitgenommen« werden.*

Talort und Zufahrt: Arolla, 1998 m, letzter Ort im Val d'Arolla, mit einigen Skiliften. Zufahrt aus dem Walliser Rhônetal von Sion durchs Val d'Hernes.

Stützpunkt: Refuge des Bouquetins, 2980 m, CAS, unbewirtschaftet offener Winterraum. 1000 Hm/4 Std. von Arolla.

Vom Parkplatz bei den Skiliften taleinwärts auf die Mont Collon-Nordwand zu und auf die Zunge des Glacier d'Arolla. Bei ca. 2400 m nach Osten aufwärts ins Tal des Haut Glacier d'Arolla. Erst ost-, dann südwärts unter der düsteren Felsmauer der Bouquetins entlang. Die Hütte steht am Fuß des am weitesten nach Südwesten herabreichenden Sporns der Bouquetins.

Charakteristik: 600 Hm/gesamt 5 Std. von der Hütte nach Arolla (ohne Gipfelabstecher). Relativ leichte Tour in wilder Umgebung. Bei schlechter Sicht schwierige Orientierung (es sei denn, man findet den Haute Route-Trampelpfad). Die Gipfelabstecher auf den Evêque und die Pigne d'Arolla sind jedoch steil und anspruchsvoll.

Beste Zeit: März - Mai.

Route: Von der Hütte nach Südwesten und nördl. unter dem Felshorn der Vierge vorbei ins Col Collon, 3087 m, und nach Westen weiter ins Col de l'Evêque, 3392 m. Die Bruchzone bei 3200 m überwindet man am besten an ihrem südlichen Rand. (Vom Col Abstecher auf die Pointes d'Orens, 3487 m, ½ Std.) Nun den Collongletscher nordwärts abfahrend und unter dem Petit Mont Collon vorbei in die flache Senke des Col de Chermotane, 3053 m. (Vorher Abstecher erst ost-, dann südwärts auf die schlanke Pyramide des Evêque, 3716 m, + 550 Hm/ + 2 Std., die letzten 100 Hm sehr steil und manchmal vereist.) Vom Col de Chermotane leicht steigend (kurze Steilstufe) nach Norden ins Col des Vignettes und über einen Firnkamm zur abenteuerlich gelegenen Cabane des Vignettes, 3160 m. Vom Col de Chermotane kann die Pigne d'Arolla, 3796 m, über ihre steile Südostflanke erstiegen werden (+ 750 Hm/ + 3 Std.) Bei guten Bedingungen der lohnendste Abstecher der Runde.

Von der Hütte nach Norden auf den Glacier de Pièce abfahren, bei 2900 m schräg links zu seinem westlichen Ufer und schließlich entlang der Seitenmoräne zu den Pisten von Arolla.

Karten: SLK Blatt 283 S Arolla (1:50 000) - mit Skirouten
SLK Blatt 1347 Matterhorn (1:25 000)
Blatt 1346 Chanrion (nur für die Pigne d'Arolla).

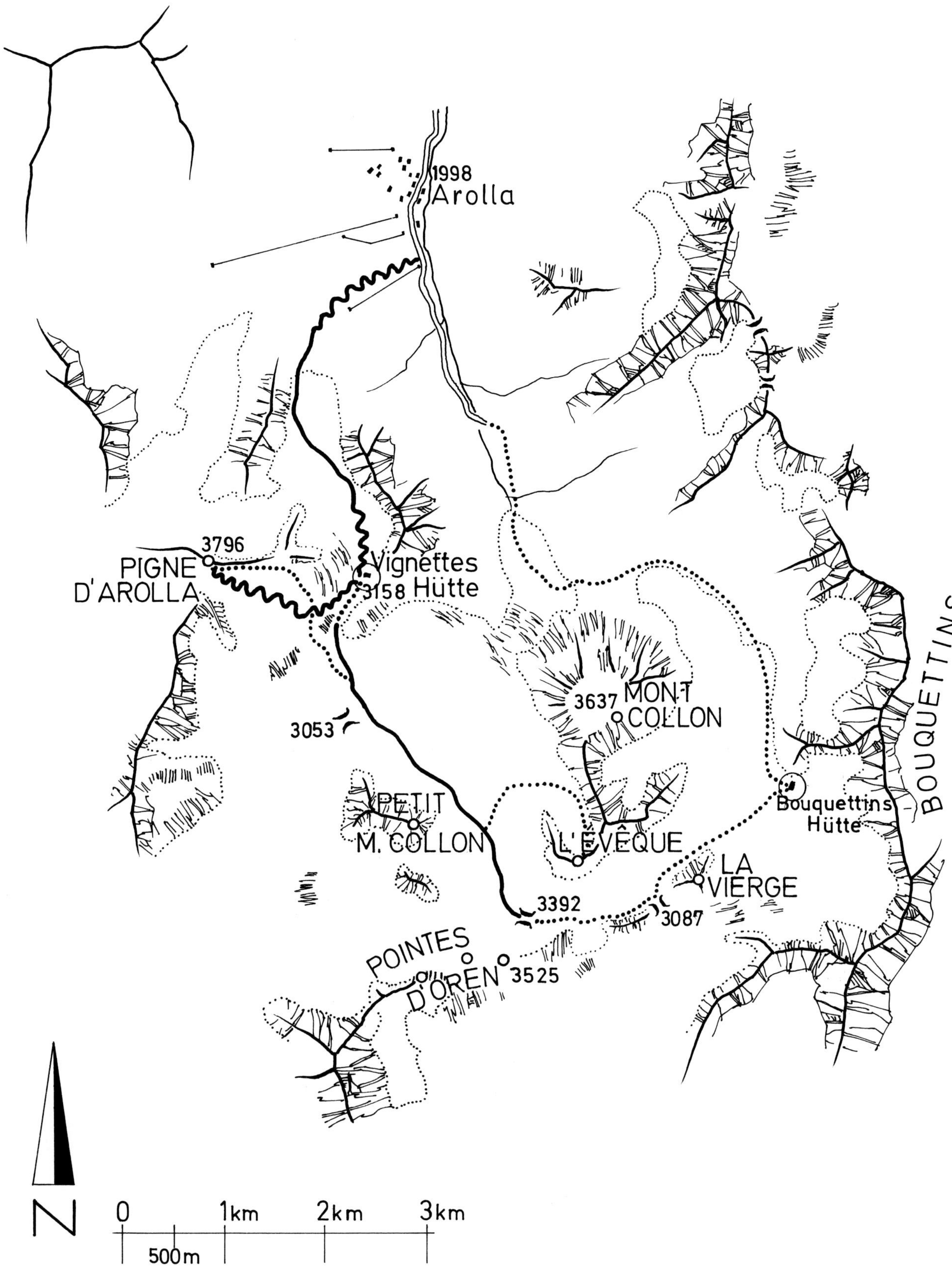
1998
Arolla
3796
PIGNE D'AROLLA
Vignettes Hütte
3158
3053
PETIT M. COLLON
3637
MONT COLLON
L'EVÊQUE
LA VIERGE
3392
3087
POINTES D'OREN
3525
Bouquettins Hütte
BOUQUETTINS
N
0
1km
2km
3km
500m

32 Mont Vélan (3731 m)

So manchem Haute-Route-Begeher wird bei der abendlichen Rast auf der Terrasse der Cabane de Valsorey im Süden ein mächtiger Berg ins Auge gestochen sein und Lust zu einer Besteigung geweckt haben: Der Mont Vélan. Aber beim meist straffen Zeitplan im »Abspulen« der berühmtesten Skitour der Alpen erlauben sich wenige Skibergsteiger großzügige Abstecher wie etwa den Mont Vélan…

Wieder ein Berg, der im Schatten eines berühmten Nachbarn steht. Gut versteckt hinter dem gewaltigen Grand Combin steht der Mont Vélan. Im Talschluß des Valsorey, einem Seitental des Val d'Entremont, hoch über dem Großen St. Bernhard. Der Vélan ist ein massiger Gebirgsstock mit kompliziertem Aufbau. Eine gefinkelte Routenführung ermöglicht jedoch einen relativ leichten Anstieg.

Talort und Zufahrt: Bourg St. Pierre, 1632 m, an der Nordrampe des Großen Sankt Bernhard.

Stützpunkt: Cabane du Vélan, 2569 m, CAS, unbewirtschaftet, offener Winterraum. Von Bourg St. Pierre das Valsorey an seinem nördlichen Ufer aufwärts bis zum Chalet d'Amont, 2197 m (bis hierher Haute Route-Trasse). Nach Süden in den hier flachen Talboden und steiler von Norden her auf den Kamm der Seitenmoräne des Glacier de Tseudet und über diesen zur Hütte. 900 Hm/4 Std.

Beste Zeit: April/Mai.

Charakteristik: Obwohl die Nordflanke des Vélan einen wilden, abweisenden Eindruck macht, ist der Aufstieg nicht sonderlich schwierig, allerdings nur bei guter Sicht. Im Bereich des Col de la Gouille einige tückische Spalten. Am Glacier de Tseudet Respektabstand zur Nordwand des Vélan (Eisschlag von den Séracs der Gipfelkalotte!). 1150 Hm/5 Std. von der Hütte.

Route: Von der Hütte erst noch auf der Moräne weiter und dann am westlichen Ufer des Gletschers bis 2800 m. Nun quer über den Gletscher nach Osten

Mont Vélan von der Cabane de Valsorey an der Haute Route.

(Eisschlag!) und nahe an den Felsen des Mont de la Gouille ins gleichnamige Col. (Mit Ketten gesichert, bei hoher Schneelage aber nicht immer freiliegend.) Jenseits betritt man den Glacier de Valsorey oberhalb eines großen Bruchs. Nun den Gletscher nach Süden aufwärts (nahe seines Ostufers) zu einer Schulter (P. 3621) und von Südosten her über einen Steilhang auf die Gipfelkuppe.

Abfahrt: Wie Anstieg.

Karten: SLK Blatt 5003 Zusammenfassung Mt. Blanc - Gd. Combin (1:50 000)
SLK Blatt 1366 Mont Vélan (1:25 000).

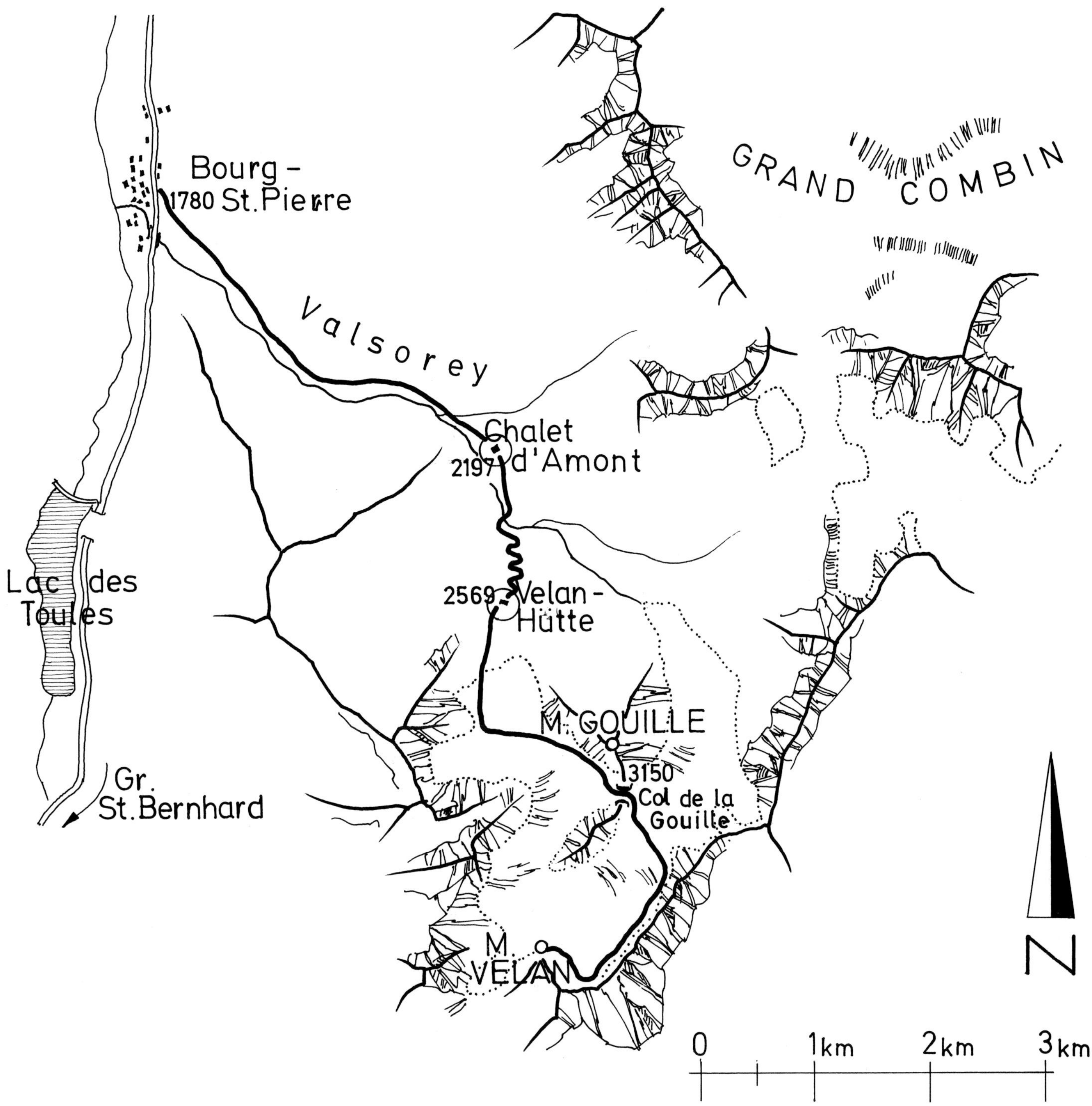

33 Aiguille de la Bérangère (3425 m)

Neben dem Argentière-Kessel ist die Umrahmung des Glacier de Tré-la-Tête das zweite größere Skitourengebiet des eigentlichen Montblanc-Massivs, wo von einem Stützpunkt aus mehrere Anstiege unterschiedlichen Charakters möglich sind, außerdem hält sich der Rummel hier noch in annehmbaren Grenzen. Die Überschreitung der Aiguille de la Bérangère ist ein ernstes, anspruchsvolles Unternehmen von durch und durch westalpinem Format mit einer gewaltigen 2000-Höhenmeter-Abfahrt, die sehr selten gemacht wird.

Talort und Zufahrt: Les Contamines-Montjoie, 1167 m, bzw. Ortsteil Le Cugnon, 1190 m. Vom Ende der A 40 (»Autoroute Blanche« Genf-Chamonix) auf der D 909 nach St. Gervais-les-Bains und nach Contamines, 13 km von der Autobahn.

Stützpunkt: »Hotel« de Tré-la-Tête, 1970 m, privat. Ostern, Pfingsten und an den Wochenenden meist bewirtschaftet (Auskunft in les Contamines).

Zugang: Vom Weiler Le Cugnon entlang des Sommerwegs erst durch Wald nach les Plans, weiter nach Süden ansteigend durch schütter werdenden Wald und zuletzt steile Querung zur Hütte. 800 Hm/2 ½ -3 Stunden.

Es gibt noch eine weitere mühsame, aber lawinensichere Möglichkeit: Von les Contamines die Straße weiter bis in den Talschluß (Kapelle Notre-Dame-de-la-Gorge) und auf dem alten »Römerweg« zur Alm Nant Borrant, noch vor dieser links zur nächsten Alm (La Laya), nach Norden über den Bach (Brücke) und weiter auf dem Sommerweg über die Combe Noir (unangenehm, steil und verwachsen) südlich an der Tête Noire vorbei zur Hütte.

Beste Zeit: April - Juni.

Charakteristik: Aufstieg südseitig, nur teilweise steil, 1400 Hm/4 ½-5 ½ Std. Abfahrt nordwest- und westseitig, steil, bis zu 2000 Hm.

Route: Von der Hütte mit geringem Höhengewinn zur Gletscherzunge queren (der letzte Moränenhang kann unangenehm sein). Den Gletscher bis 2650 m hinauf, danach links weg zum Refuge des Conscrits, 2730 m. Von der Hütte schräg links (westwärts) ansteigend auf eine markante Felsinsel (P. 2931) zu und links an dieser vorbei auf den kleinen Glacier de la Bérangère und zwischen Südwest- und Südostgrat der Aiguille de la Bérangère über den schmaler werdenden Hang (das letzte Stück meist zu Fuß) auf den Gipfel.

Abfahrt: Zuerst zu Fuß über den felsigen Nordost-

grat (unschwierig, aber teilweise ausgesetzt) Richtung Col de Bérangère. Man braucht jedoch nicht bis zum Col abzusteigen, sondern fährt bei der ersten Möglichkeit links in den Glacier d'Armancette ein. Nun steil (Spalten!) schräg rechts auf die felsige Nordbegrenzung des Gletschers zu und unter dem markanten Felssporen durch, weiter nach rechts (Norden!). Keinesfalls zu tief nach Westen abwärts geraten! In Fallinie der Miage-Séracs im Rechtsbogen um einen schwach ausgeprägten Felsbuckel herum und auf das Doppelhorn der Pointe de Covagnet, 2681 m, zu. Nun über die folgenden Steilhänge immer leicht rechts haltend (das letzte Stück über dem Lac d'Armancette äußerst rechts), zuletzt über eine staudenbewachsene, steile Engstelle (bei Ausaperung Jagdsteig) zum See und rechtshaltend auf Forststraße nach La frasse und Les Contamines.

Karte: IGN-Karte Blatt 3531 est: St. Gervais les Bains (1:25 000).

Weitere Möglichkeiten vom Hotel de Tré-la-Tête:
Col Infranchissable, 3349 m; 1400 Hm/4 ½–6 Std. Relativ einfache Tour.
Dôme de Miage, 3673 m; 1700 Hm/5–7 Std. Gewaltige, schwierige Überschreitung. Gleiche Abfahrt wie bei Aiguille de la Bérangère.
Pain de Sucre, 3169 m; 1200 Hm/4 Std.

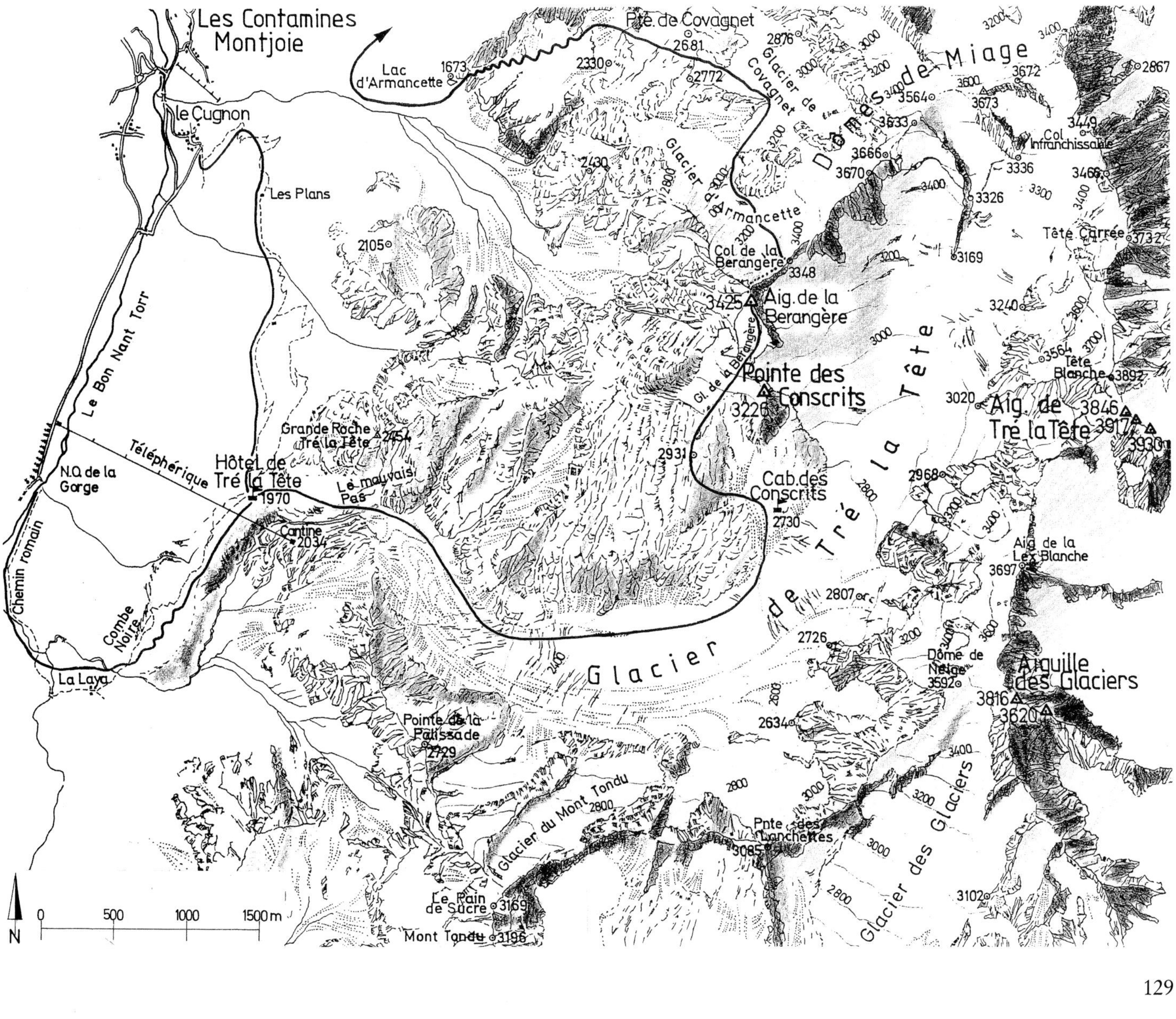

34 Mont Pourri (3779 m)

Das Tarentaise beherrschend, zweithöchster Gipfel des Vanoise-Nationalparks, bleibt der Mont Pourri trotz mechanischer Aufstiegshilfen bis 2950 m ein schwieriges Unternehmen. Steile, spaltenreiche Gletscher und zuletzt ein oft eisiger Gipfelgrat sind die Hürden, die genommen werden müssen. Die dank der isolierten Lage prächtige Rundsicht und bis zu 2000 Hm Abfahrt warten als Entschädigung für die Mühen. Der Anstieg mitten in wildzerrissener Gletscherlandschaft durch Séracs und Steilhänge garantiert ein großes Westalpenerlebnis. Der Ernst und die Strenge der Umgebung fordern jedoch unbedingt den erfahrenen Skibergsteiger.

Talort und Zufahrt: Retorten-Skistation Les Arcs, bzw. Arc 2000. Zufahrt von Bourg-Saint-Maurice im Isère-Tal.

Beste Zeit: April – Juni.

Charakteristik: Aufstieg nordwestseitig, steil und spaltenreich, Gipfelgrat meist zu Fuß, 800 Hm/trotzdem gut 3 Std. Abfahrt nordost- und ostseitig, teilweise steil, fast 2000 Hm.

Route: Von Arc 2000 mit den Liften Téléski des Marmottes, Téléski du Lac Marlou und Téléskis du Grand Col bis auf 2970 m am Fuß des Glacier du Grand Col. (Falls der Liftbetrieb schon eingestellt ist – in der Regel Anfang Mai –, empfiehlt sich ein wohlorganisiertes und somit gemütliches Biwak nahe des Grand Col.) Von der letzten Liftstation zuerst am westlichen Rand des Gletschers gut 100 Hm aufwärts, dann

In der gläsernen Phantasiewelt der Gletscherbrüche, Sèracs und Eistürme am Mont Pourri. Nur eine Gehstunde vom futuristischen Skizirkus »Arc 2000« entfernt und doch ganz weit weg…

schräg links den sehr steilen Gletscher empor ins Col des Roches, 3443 m. (Das Col des Roches ist nicht der tiefste Punkt im Ostgrat der Aiguille du Saint-Esprit, sondern die letzte, östliche Einsattelung in diesem Grat!) Jenseits des Cols über ein kleines Band auf den Glacier du Géay. Diesen schräg rechts querend (Séracs; manches Jahr heikler Bergschrund) steil auf die Westschulter (l'Epaule) des Mont Pourri, Skidepot. Zu Fuß über den manchmal blankgefegten Eisgrat zum Gipfel.

Abfahrt: (Abfahrt vom Gipfel direkt über die Westflanke nur in besonders günstigen Jahren). Am Anstiegsweg zurück zum Grand Col und von diesem ostseitig, anfangs sehr steil, aber relativ problemlos in eine weite Gletschermulde hinab. Dann allgemein rechtshaltend auf den Fuß des Nordgrats des Mont de la Gurraz zu und unmittelbar dahinter in einen Sattel, auf dem das Refuge de Turia, 2390 m, steht. (Unbewirtschaftet, Winterraum offen.) Von der Hütte nach Osten abwärts zu den Almen von Cousset, 2105 m. Von dort entlang des Sommerwegs nach La Gurraz. Ist bei noch hoher Schneelage dieser Weg nicht erkennbar, halte man sich stets links (nördlich) nahe des großen Grabens, der bei der Alm Cousset beginnt, und überschreitet diesen bei ca. 1700 m nach rechts auf sanfte Hänge. Auf der Straße zur N 202 und per Taxi zurück zum Ausgangspunkt.

Karte: IGN-Karte Blatt 3533 est: Tignes/Pralognan-la-Vanoise (1:25 000).

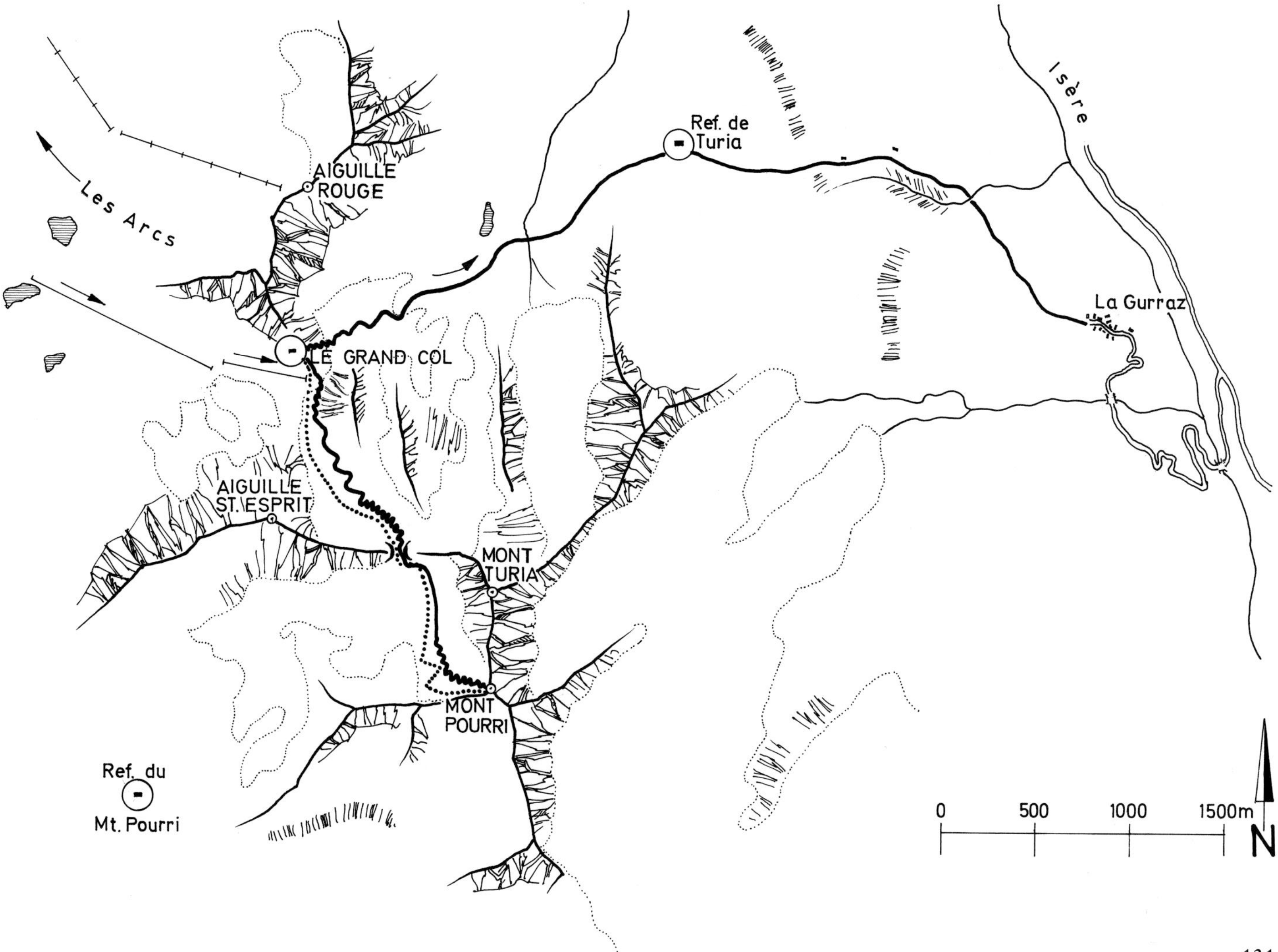

35

Aiguille de la Grande Sassière (3747 m)

Der abgesehen vom Montblanc markanteste und höchste Gipfel im französisch-italienischen Grenzkamm ist in deutschsprachigen Bergsteigerkreisen nahezu unbekannt geblieben. Die Aiguille de la Grande Sassière ist von allen Seiten betrachtet von eleganter, imponierender Gestalt. Ohne extreme Schwierigkeiten zu bieten, gehört dieser Tourenvorschlag doch zu den anspruchsvolleren, es sind 1500 Hm zu überwinden (bei 2000 Hm Abfahrt), und die 200 Meter hohe, sehr steile, oft blankgewehte Gipfelpyramide ist meist nur zu Fuß zu ersteigen. Also ein Anstieg großen, westalpinen Stils, der eigenartigerweise auch von französischen Skibergsteigern zunehmend vernachlässigt wird.

Ausgangspunkt: Val d'Isère/Le Villaret du Nial, 1850 m. Von der Uferstraße des Lac du Chevril zweigt zwischen Tunnel de la Clittaz und Tunnel de la Sassière bei 1810 m ein im Winter nicht geräumtes Sträßchen nach Villaret du Nial und zum Sassière-Stausee ab. Das Sträßchen hoch bis Le Saut (2280 m) unterhalb eines kleinen Staudamms (mit Ski können die Kehren von Le Villaret ostwärts abgekürzt werden).

Beste Zeit: April – Juni.

Charakteristik: Anstieg süd- bis westseitig, teilweise steil, Gipfelpyramide sehr steil, je nach Befahrbarkeit der Straße 1500–1900 Hm, 5–7 Std. Abfahrt nordwestseitig, teilweise steil, je nach Schneelage bis zu 2000 Hm.

Route: Vom kleinen Staudamm in Le Saut (2280 m) nordwestwärts 200 Hm auf eine weite Terrasse in Verlängerung des Sassière-Westsüdwestgrats (»Plan de la Casette«). Nun stets mäßig ansteigend um diesen Grat herum in einen großen Kessel (»Grande Combe«). An der rechten (südl.) Seite des Kessels ansteigen bis zu den abschließenden Felswänden des Verbindungsgrats Sassière-Rocher de la Davie. Im rechten (südöstlichen) Teil dieses Grats öffnet sich ein felsfreier, sehr steiler Übergang (Rechts-links-Schleife) auf den Glacier de la Sassière, den man bei ca. 3150 m betritt. Nun am Gletscher sanft ansteigend zum Westfuß der Gipfelpyramide (3550 m). Die letzten 200 Hm

Der Lohn der Mühe - zufriedene Gesichter…

am Westgrat sehr steil (Steigeisen) zum Gipfel. Nur in besonders günstigen Jahren mit Ski möglich und auch dann nur für exzellente Skifahrer.

Abfahrt: Entweder wie Anstieg. (Die Bresche im Grat bei 3150 m ist dabei sehr unangenehm.)

Oder (bedeutend empfehlenswerter): Vom Skidepot am Fuß des Westgrats erst nördl. unter der Aiguille de la Petite Sassière entlang auf eine den Gletscher teilende Felsbarriere zu. Bei 3350 m langsam nach Westen schwenkend erst längs dieser Felsbarriere und bei 3150 m einer wilden Bruchzone links (westlich) ausweichend in zunehmender Steilheit zur Gletscherzunge und gerade abwärts in den Talschluß des Nant Cruet (P. 2532). Nun stets an der nördlichen Talseite, bis man bei 2000 m schräg rechts über Wiesen und an verlassenen Häusern vorbei die Straße zur N 202 erreicht.

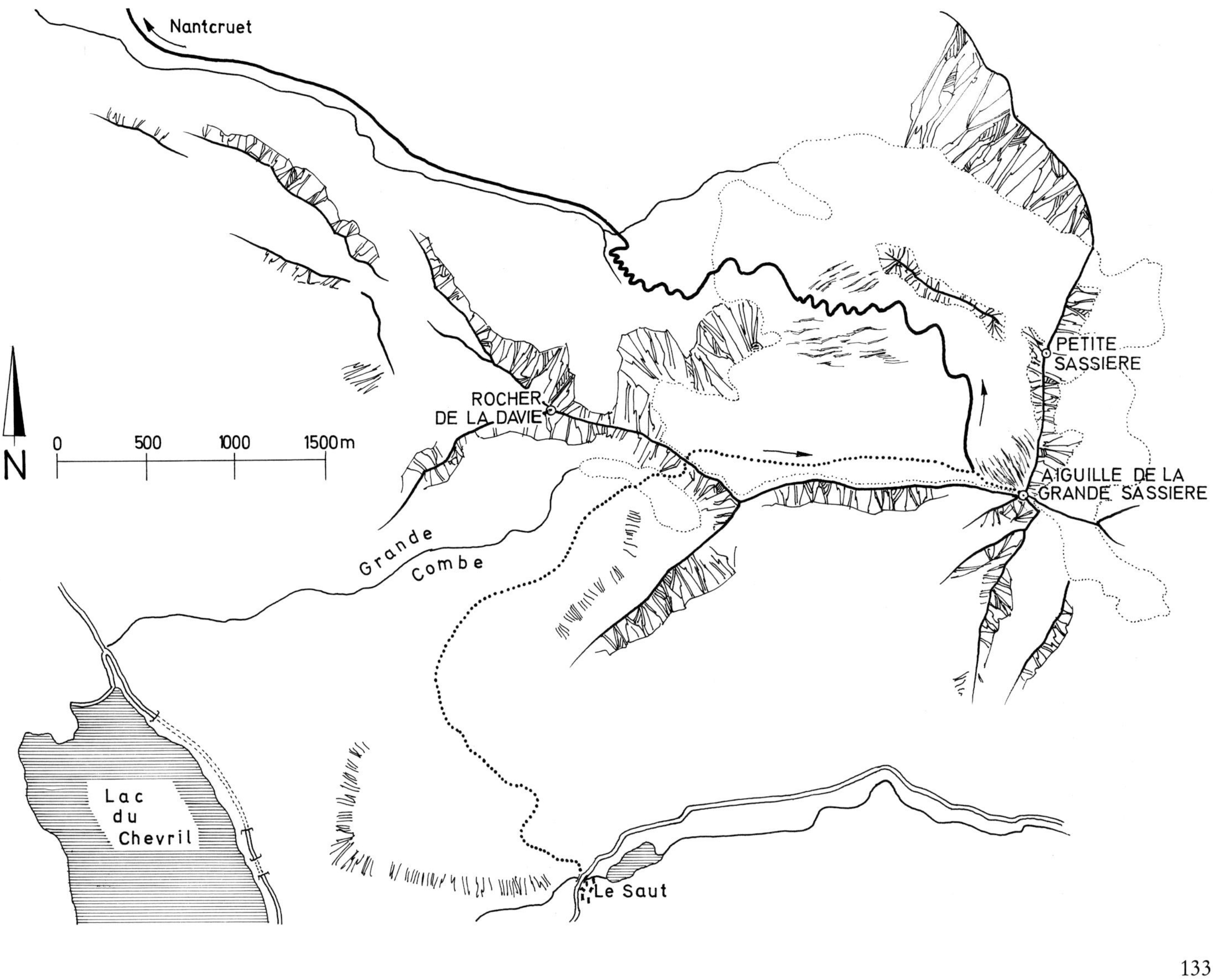

36 Albaron (3637 m) – Überschreitung

Das moderne, in der Tourenzeit bewirtschaftete Refuge des Evettes erschließt einen prächtigen Winkel im Grenzkamm der Grajischen Alpen. Die Überschreitung des Albaron gehört zum Schönsten und Eindrucksvollsten, was die französischen Alpen dem Skitouristen zu bieten haben. Sie ist Bestandteil eines Klassikers, der Traversée de la Haute Maurienne vom Refuge Carro über Refuge des Evettes zum Refuge d'Avérole. Der Anstieg ist trotz großer Bruchzonen bis in die Selle de l'Albaron nicht sonderlich schwierig. Die Westabfahrt schließlich über knapp 2000 Höhenmeter ins Val d'Avérole sucht ihresgleichen.

Talort und Zufahrt: Bonneval-sur-Arc, 1790 m, an der Südrampe des Col de l'Iséran (Wintersperre). Zufahrt von Modane im Arc-Tal. Von Italien kommend über den Fréjus-Tunnel (im Winter offen).

Stützpunkt: Refuge des Evettes, 2588 m, CAF. In der Tourenzeit bewirtschaftet, sonst offener Winterraum. Zugang mit dem Lift zum Refuge privé du Griou, von diesem ohne Höhengewinn 30 Minuten nach Osten, bis man rechts über die staudendurchsetzten Hänge ins Col des Evettes gelangt. Von diesem in wenigen Minuten zur Hütte. 550 Hm/2 Std.

Beste Zeit: März – Mai.

Charakteristik:
Aufstieg nord- bis ostseitig, mittelsteil, Gipfelgrat südostseitig. 1100 Hm/5–6 Std. Abfahrt meist westseitig, nur teilweise steil, fast 2000 Hm.

Route: Nach kurzer Abfahrt von der Hütte ½ Std. flach nach Süden (Plan des Evettes) zum untersten großen Eisbruch des Glacier des Evettes. Diesen über-

Der Albaron im Morgenlicht im obersten Eisbruch des Glacier des Evettes, gleich nach Überqueren des Plan des Evettes.

windet man am besten an seinem östlichen Rand, oder über die steilen Moränenhänge daneben. Das folgende flache Becken nach Süden weiter, zuletzt etwas steiler auf die Muraille d'Italie zu. Bei 3050 m im Rechtsbogen bis nahe an die Albaron-Ostflanke und nach Süden direkt auf die Selle de l'Albaron, 3460 m. Von hier zu Fuß über den großteils unschwierigen, manchmal aber ausgesetzten Grat zum Gipfel.

Abfahrt: Vom Gipfel (am Nordende des flachen Plateaus) sehr steil wenige Meter nach Westen abwärts auf den Glacier du Grand Fond und im allgemeinen nordwestwärts auf die Pointes du Grand Fond zuhalten und im Süden an deren Fuß über eine Serie nicht endenwollender Prachthänge ins Val d'Avérole. Im Talgrund (im Winter Loipen) nach Nordwesten ins Arc-Tal.

Karte: IGN-Karte Blatt 3634 est: Bessans/Pointe de Charbonnel (1:25 000).

Weitere Möglichkeiten vom Refuge des Evettes:

Pointe Francesetti, 3425 m; 100 Hm/3 Std.

Pointe Tonini, 3327 m; 900 Hm/3 Std.

Abfahrt vom Albaron oder schon von der Selle de l'Albaron direkt nach Süden zum Refuge d'Avérole: 1400 Hm.

Quille d'Arberon, 3563 m; 1350 Hm/4 Std. vom Refuge d'Avérole.

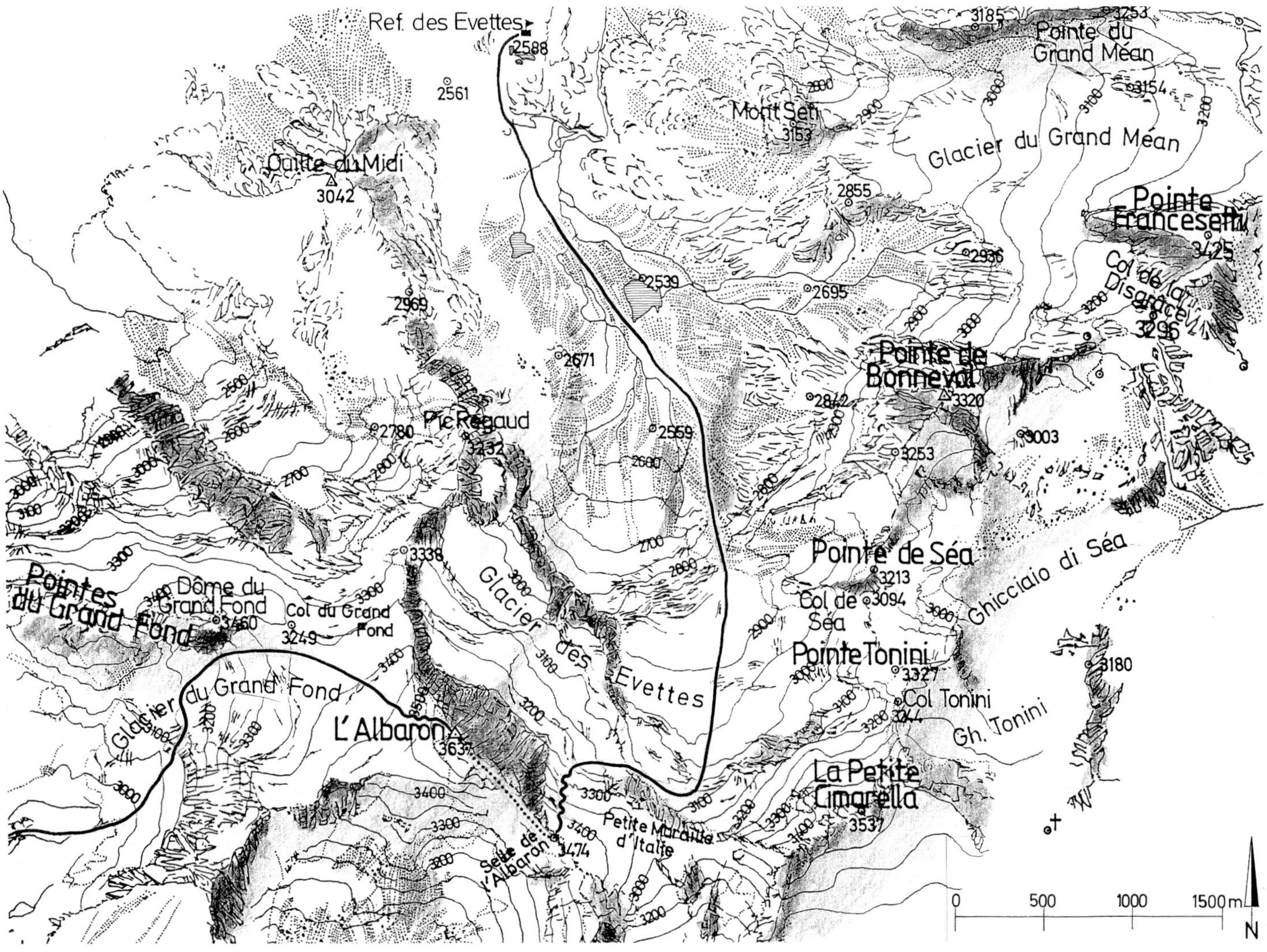

37 Pointe de Charbonnel (3752 m)

Die Ersteigung der Pointe de Charbonnel zählt zu den anspruchsvollsten Routen dieses Bandes. Glatt 2000 Hm fordern Ausdauer, einige sehr steile Passagen den perfekten Skifahrer (und sichere Verhältnisse!), zusätzlich sieht sich bei schlechter Sicht auch ein gewiefter Orientierungsexperte vor schwierige Probleme gestellt. Also nur bei stabilem Schönwetter! Ein Anstieg großen Stils, berühmten Westalpenrouten ebenbürtig. Routen dieses Formats liefern automatisch einen weiteren, nicht unwesentlichen Aspekt mit: Man ist mit an Sicherheit grenzender Wahrscheinlichkeit allein, von einem Teil der Skibergsteiger freudig begrüßt, vom anderen als bedrückend und erschwerend (Spurarbeit, Wegsuche!) empfunden ...

Talort und Zufahrt: Bessans/Le Villaron, 1733 m. Zufahrt von Modane im Arc-Tal, oder (von Italien kommend) über Col du Cenis (Wintersperre) bzw. Fréjus-Tunnel (im Winter offen).

Beste Zeit: Mai/Juni.

Charakteristik: Eine durch und durch ernste Westalpentour für Könner über fast 2000 Hm, von teils beträchtlicher Steilheit. Gutes Orientierungsvermögen erforderlich. Nur bei gutem Wetter und stabilen Verhältnissen. Nord- und nordwestseitig, steil bis sehr steil (fast 45°), 1900 Hm, gesamt 9–12 Std.

Route: Von der Pont Neuf (1737 m) zwischen Bessans und le Villaron auf der D 902 Modane-Col de l'Iséran rechts ab auf das Sträßchen ins Avérole-Tal

Pointe de Charbonnel, gesehen von der Albaron - Westabfahrt.

(im Winter nicht geräumt – Loipen! –; im Frühjahr Fahrverbot ab Campingplatz) bis kurz vor den im Winter unbewohnten Weiler Vincendières (1840 m). Hier rechts über die Brücke und südsüdwestwärts längs eines anfangs gut erkennbaren Sommerwegs über den markanten Rücken zwischen zwei Gräben bis 2200 m. Den hier folgenden Steilhang noch 200 Hm gerade empor, Felsabbrüchen rechts ausweichend, bis 2400 m. Nun schräg links (südostwärts) schwenkend über eine Folge felsdurchsetzter Steilrampen in den Charbonnelgraben (Lawinen!). Steil im Graben weiter und nach 100 Hm links heraus auf eine hier beginnende breite Rampe unter einem Felsband. Nun immer auf dieser Rampe bis 3050 m unter einer sehr steilen Bresche zwischen den Felsen rechts und den Séracs links. In dieser Bresche den fast 45° steilen Hang empor. (Es wäre leichter, auf der Rampe zu bleiben, diese ist jedoch stark eisschlaggefährdet.) Man erreicht den Glacier de Charbonnel und weiter in etwas abnehmender Steilheit die Gipfelkalotte. Am Bergschrund links vorbei und zum Gipfel.

Abfahrt: Wie Anstieg.

Karten: IGN-Karte Blatt 236
Blatt 3634 est (1:25 000).

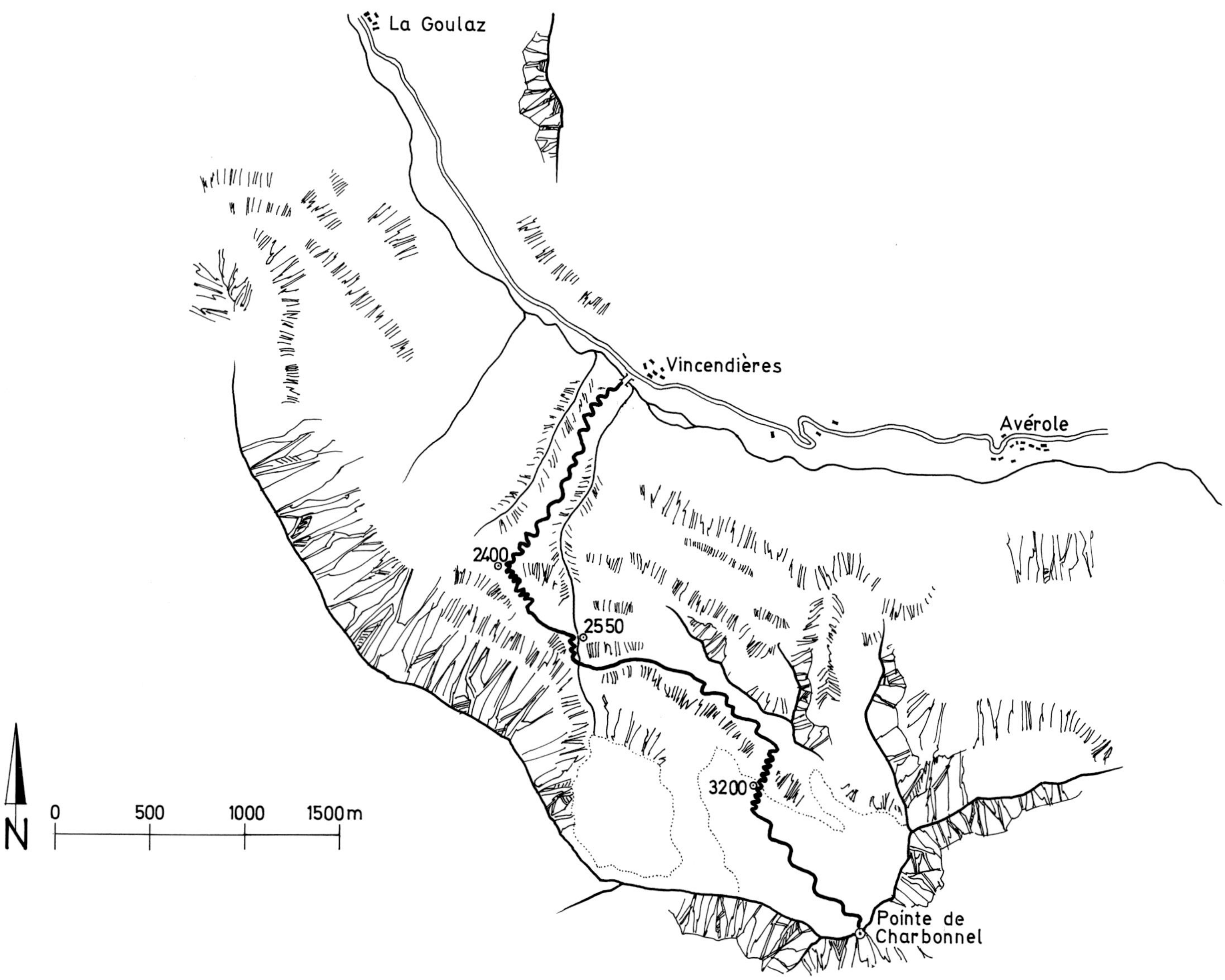

38 Dôme de la Lauze (3568 m) / Col du Replat – Überschreitung

An der Westrampe des Col du Lautaret liegt zu Füßen der eindrucksvoll-düsteren Meije-Nordflanke das Bergsteigernest La Grave. Mitten im Dorf bietet sich dem Tourengeher die »Auberge au vieux guide«, ein gemütliches Chalêt mit sauberen Lagern und bester französischer Küche. Der »alte Führer« ist kein Geringerer als Max Liotier, der wahrscheinlich intimste und profundeste Kenner der Region, sommers wie winters. Max ist Bergführer und gar nicht so alt, wie der Name seines gastlichen Hauses suggeriert. Falls er ausnahmsweise zu Hause ist, steht er für wirklich aktuelle Tips zur Verfügung. Die Lauze-Replat-Überschreitung nach La Bérade im Bannkreis der gewaltigen Meije ist trotz der geschenkten 1700 Seilbahn-Höhenmeter nur für echte Allrounder unter den Skibergsteigern empfehlenswert. Nicht vergessen: Man befindet sich im wildesten Skitourengebiet der Alpen!

Talort und Zufahrt: La Grave, 1481 m, an der Westrampe des (im Winter offenen) Col du Lautaret. Zufahrt auf der N 91 entweder von Grenoble (Westen) oder Turin/Briancon (Osten).

Beste Zeit: März – Mai.

Charakteristik: Aufstiege nordost- und nordwestseitig, Abfahrten süd- und ostseitig, steil, 1000 Hm Aufstieg, 2500 (!) Hm Abfahrt; Gesamtzeit 6–8 Std.

Route: Von der Bergstation der Meije-Seilbahn allgemein nach Südwesten über den Gletscher auf den Pic de la Grave zu und rechts (nordwestlich) von ihm ins Col de la Lauze und auf die runde Kuppe des Dôme. Vom Col Einfahrt direkt nach Süden in die Steilhänge (gut 35 °) und in einer prächtigen Serie in das ebene Talbecken beim Refuge de la Selle, 2672 m. Erst ostwärts kurz talein, dann nordostwärts steiler, die untersten Steilabbrüche des Glacier de la Selle links (nördl.) umgehend, bei ca. 3000 m auf den hier flachen Gletscher und nach Südosten auf den Doppelgipfel der Têtes du Replat zu. In einer Links-rechts-Schleife (Bergschrund) ins Col du Replat (zwischen diesen beiden Gipfeln). Jenseits nach Osten über einige unschwierige Felsen auf die Firnhänge unter die Tête Nord du Replat. Über diese beliebig abwärts, doch nicht tiefer als 3000 m. Dort unter dem Fuß des Südostsporns der Tête Sud du Replat vorbei nach Südwesten und in einem weiten Rechtsbogen südwärts ausholend eine felsige Steilstufe zwischen 2700 und 2800 m (von oben nicht einsehbar) umfahren und dann steil nach Osten zum bereits sichtbaren Refuge du Chatelleret, 2225 m. Von der Hütte in flacher Talfahrt nach la Bérarde.

Karten: IGN-Karte Blatt 3435 est: La Grave (1:25 000)
Blatt 241 Massif des Ecrins/Pelvoux.

Bizarre Felsformationen sind eines der »Markenzeichen« der Dauphiné.

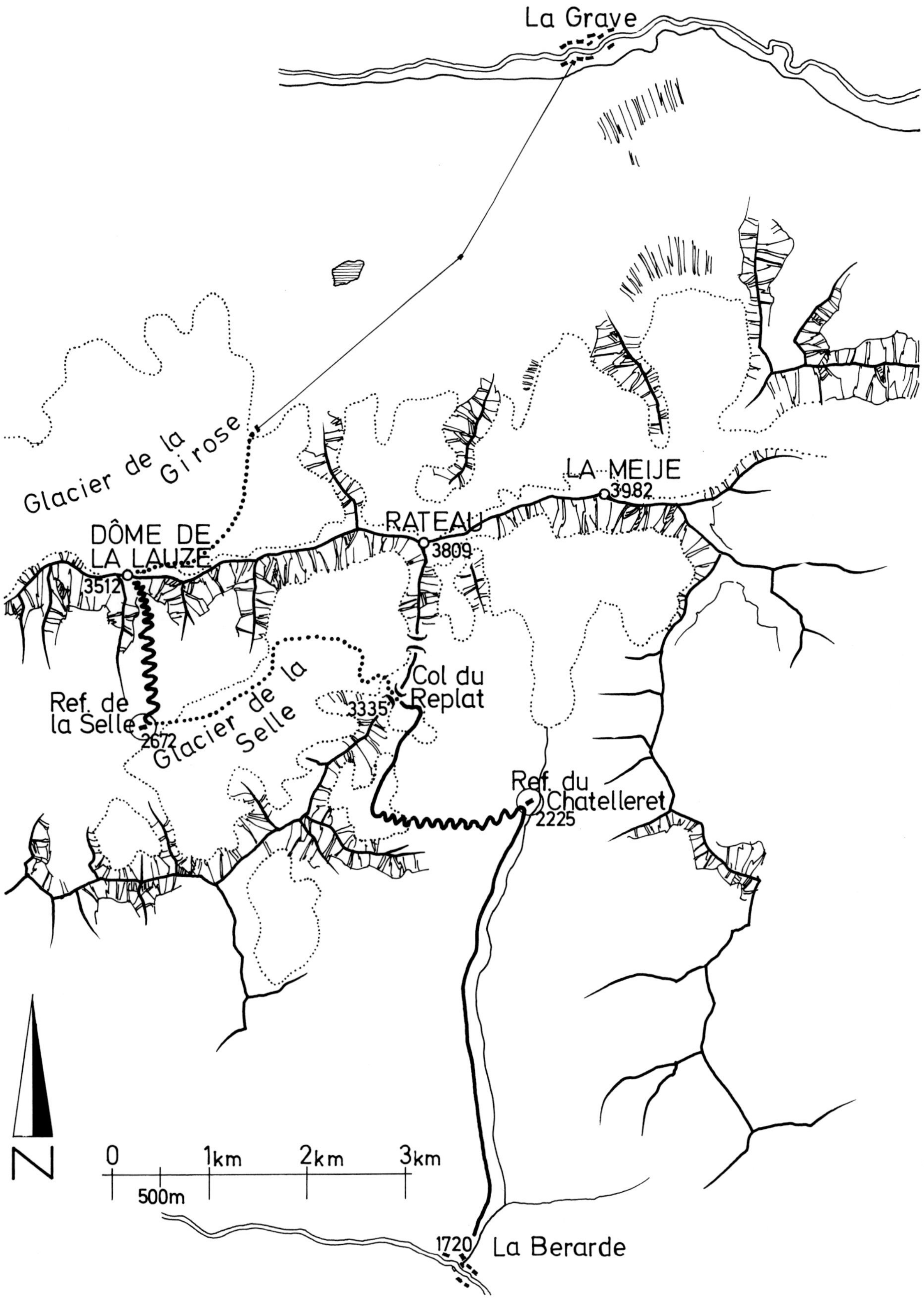
La Grave
Glacier de la Girose
DÔME DE LA LAUZE
3512
RATEAU
3809
LA MEIJE
3982
Col du Replat
3335
Ref. de la Selle
2672
Glacier de la Selle
Ref. du Chatelleret
2225
1720
La Berarde
N
0
1km
2km
3km
500m

39 Grande Ruine (3765 m)

Gleichgültig, von welcher Seite man die Grande Ruine auch betrachten mag, sie zeigt sich rundum als wilder Felszacken mit eindrucksvollen Wandbildungen. Schön, aber scheinbar äußerst skifeindlich. Der in die Ostflanke eingebettete kleine Glacier Supérieur des Agneaux vermittelt jedoch einen gar nicht so schwierigen Anstieg, und nur gut 100 Höhenmeter am Gipfelgrat sind zu Fuß zu gehen. Ein Phänomen, das dem Skitouristen in der Dauphiné häufig begegnet und das dazu beiträgt, die Umgebung von Ecrins und Meije zumindest optisch zum wildesten Skitourengebiet der Alpen zu machen.

Talort und Zufahrt: Villar d'Arène, 3 km östlich von La Grave; siehe vorhergehender Tourenvorschlag.

Stützpunkt: Refuge Adèle Planchard, 3173 m, CAF, unbewirtschaftet, Winterraum offen. Von Villar d' Arène mit Kfz zur Pont Vieux. Nun das Tal der Romanche entlang (das Refuge de l'Alpe bleibt links liegen) bis in den hintersten Talschluß des Glacier de la Plate des Agneaux. Die mittelsteilen Hänge rechts hoch bis in den Sattel hinter P. 3389. Nun nicht gerade zur Hütte, sondern weitere 100 Hm nach Norden aufwärts in Richtung Felssporn der Roche Méane und schließlich zur Hütte abfahren. 1700 Hm/ 6–7 Std.

Beste Zeit: März – Mai.

Charakteristik: Entscheidende Passagen des Aufstiegs süd- und südostseitig, mittelsteil, 600 Hm (+ 1700 Hm zur Hütte), 2–3 Std. (+ 6–7 Std. zur Hütte). Gipfelgrat teilweise etwas ausgesetzt, aber unschwierig. Insgesamt eine lange, aber nicht allzu schwierige Tour auf einen eindrucksvollen Gipfel. Abfahrt bei Überschreitung des Col de la Casse Déserte west- bis nordwestseitig, 2000 Hm.

Route: Von der Hütte wie am Vortag zum Fuß des Felssporns der Roche Méane. Von dort durch die oberste Gletschermulde des Glacier Supérieur zum Fuß der Grande Ruine-Nordostflanke. Beim Bergschrund Skidepot. Die Flanke schräg links hoch zum Ostgrat und über diesen unschwierig zum Gipfel.

Abfahrt: Wie Anstieg. Variante: Bei sicheren Firnverhältnissen direkt von der Hütte nach Süden über prächtige Steilhänge zum Glacier de la Plate des Agneaux.

Überschreitung des Col de la Casse Déserte (Abfahrt nach La Bérarde):
Vom Sattel hinter P. 3389 (Hüttenaufstieg) nach Westen horizontal ins Col de la Casse Déserte, 3484 m. Jenseits erst nach Westen, dann Nordwesten um einen Felssporn herum, schließlich geradewegs abwärts über den gewaltigen Hang ins Val des Etancons, welches man kurz unter dem Refuge du Châtelleret erreicht. Nun in flacher Talfahrt nach La Bérarde.

Karten: IGN-Karte Blatt 241 Massif Ecrins / Meije / Pelvoux (1:24 000)
Blatt 3435 est / La Grave

Die Grande Ruine von der Roche Faurio.

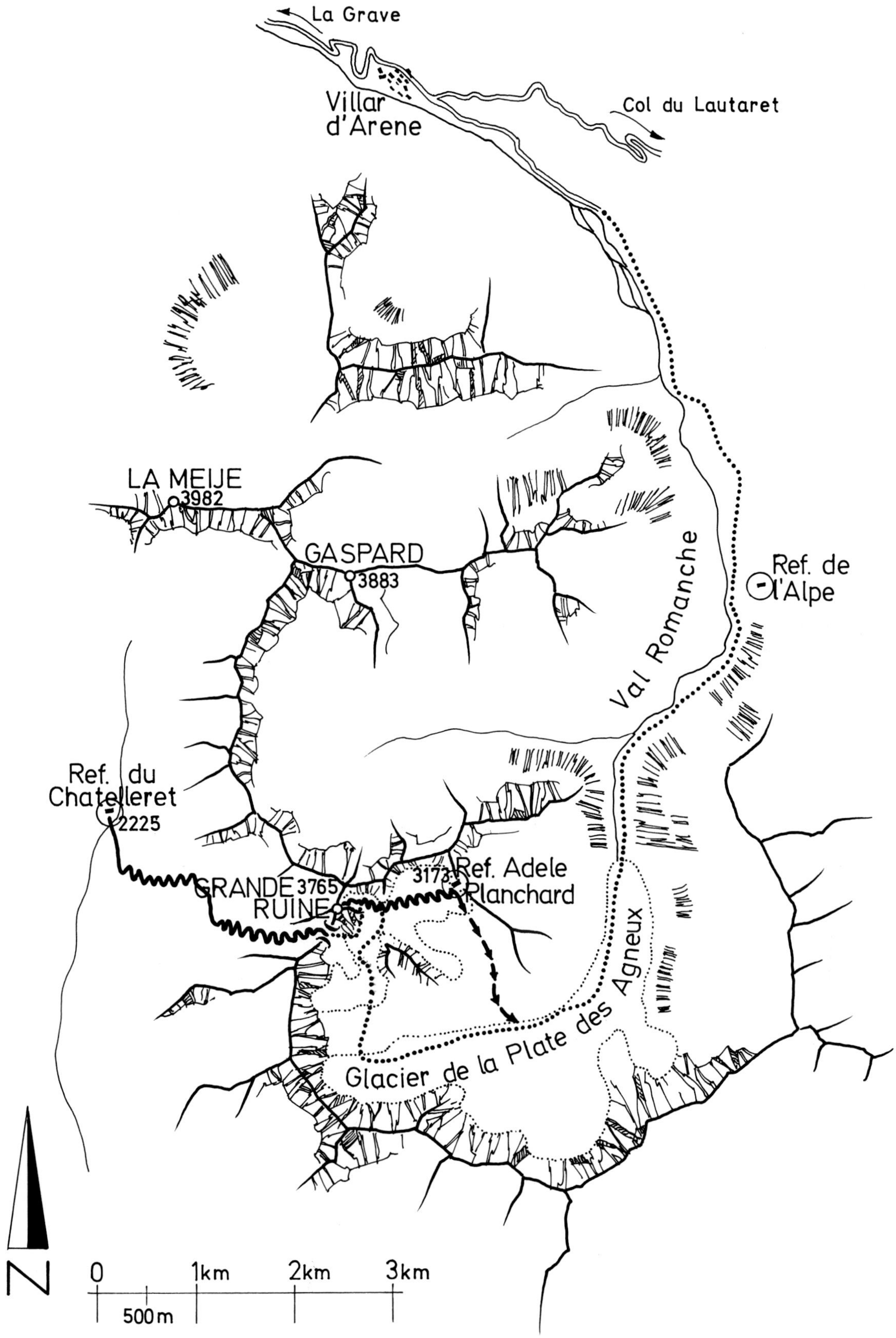
La Grave
Villar d'Arene
Col du Lautaret
LA MEIJE
3982
GASPARD
3883
Ref. de l'Alpe
Val Romanche
Ref. du Chatelleret
2225
GRANDE RUINE
3765
3173
Ref. Adele Planchard
Glacier de la Plate des Agneux
N
0
1km
2km
3km
500m

40 Col de la Temple / Glacier Noir

Dieser Vorschlag gibt allein aus der Perspektive des Skifahrers betrachtet nicht allzuviel her. Wedelkönige auf der Suche nach Traumhängen werden enttäuscht sein. Dennoch ist die Abfahrt über den Glacier Noir ein aufregendes Erlebnis, führt sie doch durch einen der wildesten Winkel der Alpen, gesäumt von Ailefroide Central und Oriental, Pic Sans Nom und Pelvoux, einer Parade extrem schwieriger 1000-Meter-Nordwände, die selbst die viel berühmtere Nordwandserie des Argentière-Kessels im Montblanc-Massiv glatt in den Schatten stellt. Obwohl die Abfahrt über den Glacier Noir unschwierig ist, bleibt sie dem erfahrenen Skibergsteiger vorbehalten. Schon die Steilpassage unmittelbar nach der Hütte (womöglich in morgendlich pickelhart gefrorenem Firn) erfordert manchmal Steigeisen und für Schwächere unbedingt Seilsicherung (ein Rutscher hier endet fatal). Auch die ersten felsdurchsetzten Abfahrtsmeter ins Glacier Noir-Becken sind nicht gerade eine Übungswiese.

Talort und Zufahrt: La Bérarde, 1720 m; von der N 91 Grenoble-Turin 5 km östlich von Bourg d'Oisans abzweigen. Das abenteuerliche Sträßchen ist bei hoher Schneelage nicht immer geräumt und auch häufig wegen Lawinengefahr gesperrt.

Stützpunkt: Refuge Temple Ecrins, 2410 m, CAF, unbewirtschaftet, Winterraum offen. Zugang südwestseitig, 700 Hm/3 Std. von La Bérarde über das Refuge du Carrelet.

Von La Bérarde durch das Val Vénéon problemlos in 1 Std. zum Refuge du Carrelet, 1908 m. Von der Hüt-

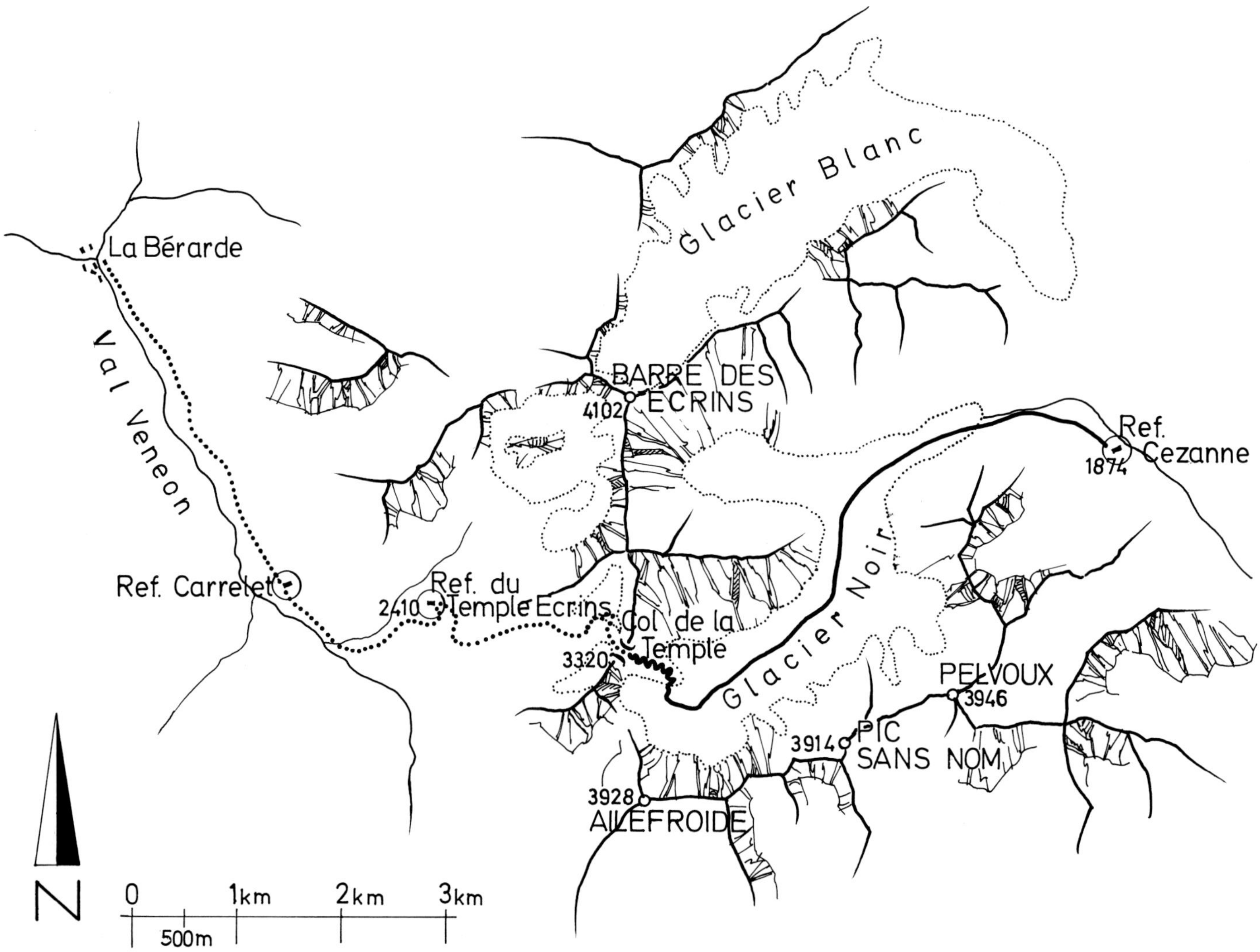

te noch etwa 15 Minuten weiter talein, bis links ein großer Graben herabkommt. Rechts (südlich) dieses Grabens über die teilweise unangenehm staudenbewachsene Steilstufe zur Hütte (in schneereichen Wintern oft bis zur Unkenntlichkeit eingeschneit!).
Beste Zeit: April / Mai.
Charakteristik: Südwest- bis nordwestseitig, steil bis sehr steil; 900 Hm / 3 Std. ins Col; 5–6 Std. gesamt bis Ailefroide.
Route: Von der Hütte zunächst schräg rechts (südwärts) ca. 100 Hm bis unter die Felsen, nun in ansteigender Rechtsquerung (sehr steil, nur zu Fuß) ins weite Becken des kleinen Glacier de la Temple. Das Col de la Temple selbst erreicht man nach ausladendem Linksbogen von Nordwesten her.
Abfahrt: Vom Col Abfahrt zu einer Biwakhüttenruine, hier noch einige Meter abwärts, dann nach rechts (Süden) in die felsige Flanke. Durch steile Couloirs und Rinnen (an mindestens einer Stelle abschnallen) zum Westende des Glacier Noir. Weiter in gemütlicher Abfahrt, aber überwältigender Umrahmung zum Refuge Cézanne und nach Ailefroide.
Karten: IGN-Karte Blatt 241 Massif des Ecrins / Meije / Pelvoux (1:25 000)
Blatt 3435 est / La Grave.

Am Glacier Noir.

Bildnachweis (Seitenzahlen):
Edi Koblmüller: 4, 16, 23 oben, 24/25, 27 unten, 30, 31 unten, 41, 42/43, 47, 48/49, 66, 98, 100, 104, 106, 108, 118, 122, 126, 128, 130;
Sepp Friedhuber: 21 (5mal), 116;
Rudolf Ä. Lindner: 102, 114;
Franz Zengerle: 2, 84, 86;
Erwin Lang: 70;
alle weiteren Fotos stammen vom Autor.

Foto gegenüber Innentitel: Breiter Grießkogel (Stubaier Alpen).

Umschlagfotos:
Links oben: Am Gipfel des Schlenken bei Salzburg gegen Watzmann und Hochkalter; rechts oben: Abfahrt von der Pfannknechtscharte (Silvretta); links unten: Am Glacier Noir mit Pic Sans Nom und Ailefroide (Dauphiné); rechts unten: Abendstimmung auf der Stuhlalm, Gosaukamm.

ISBN 3-7634-1023-6

© 1990 Verlag J. Berg
in der Südwest Verlag GmbH & Co KG, München
Alle Rechte vorbehalten.
Printed in Germany.

Gestaltung des Schutzumschlags: Wolfgang Lauter
Kartenskizzen: Rudolf Klappert
Fotosatz: satz-studio gmbh, Bäumenheim
Lithografie: Fotolito Longo AG, Frangart
Druck und Bindearbeiten: Bosch Druck, Landshut